北京市残疾青少年社会服务可及性研究

Study on Accessibility to Social Services for Youth with Disabilities in Beijing

杨蓉蓉 / 著

知识产权出版社
全国百佳图书出版单位
—北京—

图书在版编目（CIP）数据

北京市残疾青少年社会服务可及性研究 / 杨蓉蓉著．—北京：知识产权出版社，2020.4

ISBN 978-7-5130-6858-1

Ⅰ．①北…　Ⅱ．①杨…　Ⅲ．①残疾人—青少年—社会服务—研究—北京　Ⅳ．① D669.69

中国版本图书馆 CIP 数据核字（2020）第 052969 号

内容提要

残疾青少年接受社会服务是降低疾病负担、促进社会稳定的有效手段。以 2015 年全国残疾人基本服务状况和需求专项调查为主要数据，本书基于安德森可及性模型等理论对北京市残疾青少年社会服务可及性现状和行为模式进行了研究。结果表明该人群的社会服务利用率由高到低为康复、教育、辅助器具、养护照料、就业、文化体育、家庭无障碍改造和法律；区划、年龄、残疾类别和残疾程度的影响尤为明显；服务利用上具有“封闭 - 开放”和“被动 - 自觉”的行为模式。可见，残疾青少年社会服务利用模式为基于社会服务内容的主体 - 客体规定性和残疾青少年的主动 - 被动性的互动影响模式。实施订单定向社工免费培养，并开展残疾人之生命历程研究将有利于提高残疾青少年社会服务可及性。

责任编辑：宋　云　　　　**责任校对**：王　岩

文字编辑：李　硕　　　　**责任印制**：刘译文

北京市残疾青少年社会服务可及性研究

杨蓉蓉　著

出版发行：知识产权出版社有限责任公司　　**网　　址**：http：//www.ipph.cn

社　　址：北京市海淀区气象路 50 号院　　**邮　　编**：100081

责编电话：010-82000860 转 8388　　**责编邮箱**：songyun@cnipr.com

发行电话：010-82000860 转 8101/8102　　**发行传真**：010-82000893/82005070/82000270

印　　刷：北京建宏印刷有限公司　　**经　　销**：各大网上书店、新华书店及相关专业书店

开　　本：720mm × 1000mm　1/16　　**印　　张**：13

版　　次：2020 年 4 月第 1 版　　**印　　次**：2020 年 4 月第 1 次印刷

字　　数：200 千字　　**定　　价**：49.00 元

ISBN 978-7-5130-6858-1

摘 要

残疾青少年处在从儿童向成年人过渡的人生阶段，接受社会公共服务是其参与社会生活的主要方式，也是减缓慢性病蔓延、降低疾病负担、促进社会稳定的有效手段。针对关于残疾青少年的系统性关注不够的研究现状，本书以 2015 年全国残疾人基本服务状况和需求专项调查北京市数据为主要数据来源，对北京市残疾青少年社会服务可及性状况和行为模式进行全面深入的分析。研究表明，北京市残疾青少年社会服务利用率由高到低为康复、教育、辅助器具、养护照料、就业、文化体育、家庭无障碍改造和法律；区划、年龄、残疾类别和残疾程度对残疾青少年社会服务利用的影响尤为明显。同时基于民众观点，研究揭示了年龄和残疾因素通过影响残疾人健康状况进而影响残疾人证办证率，残疾人证的申领形成“封闭 – 开放”和“被动 – 自觉”的模式。参照安德森可及性理论模型和德罗斯可及性操作性模型，本书揭示了残疾青少年是残疾人中的更脆弱者，具有“封闭 – 开放”和“被动 – 自觉”的服务利用行为模式。

由此本书提出，残疾青少年社会服务利用模式为基于社会服务内容的主体 – 客体规定性和残疾青少年的主动 – 被动性的互动影响模式，进而建议：（1）实施订单定向社工免费培养，从而增强残疾青少年社会服务黏性；（2）今后须关注残疾人不同人生阶段的分人群特征如何与其服务利用的行为特征相勾连，开展残疾人社会服务利用状况之生命历程研究，从而为提高残疾人社会服务精准性提供理论基础。

目　录

第一部分：北京市残疾青少年社会服务可及性分析

第二部分：北京市残疾青少年社会服务利用分报告

第一部分：
北京市残疾青少年社会服务可及性分析

第一章　研究背景与意义

第一节　我国残疾人社会服务研究概览

2015年我国开展了全国残疾人基本服务状况和需求专项调查。这为了解残疾人生活的基本情况、进一步摸清残疾人基本服务现状与服务需求提供了全面的数据资源。这次专项调查一方面用以评估现行残疾人社会保障和基本公共服务优惠政策的落实效果，另一方面为制定残疾人事业发展规划、完善残疾人基本公共服务及兜底保障制度、实施精准扶贫等加快同步小康进程的具体措施提供实证依据。从依据这次调查数据进行的研究进展来看，2016—2018年共有21篇学术论文（含11篇期刊论文和10篇硕士论文）对该调查的全部数据或部分数据或具有一定特征的人群的数据进行了分析和理论讨论。具体为：（1）从地理范围来看，2篇涉及全国数据，其余19篇涉及的是某地数据；（2）从研究人群来看，14篇使用全国或某地的所有残疾人的数据，4篇使用某地特定年龄段数据，其余3篇使用某地某残疾类别数据；（3）从研究内容来看，2篇涉及社会服务全内容，5篇关注了就业，5篇关注了康复，其余的论文内容分别涉及托养、辅助器具和文化体育等方面。这一幅幅图景般研究的开展，加快推进了我国残疾人同步小康进程，也在特定人群服务促进方面做出了理论建树。

进一步广泛地搜索残疾人服务可及性方面的研究，发现以服务可及性模式探讨为研究目标的研究多关注服务供给的促进模式，如服务的操作模式[1]、

[1] 广州市残疾人联合会，广州市残疾人事业研究会．广州残疾人服务模式研究［M］．广州：广东人民出版社，2007.

供给的结构模式[1]等，而以残疾人服务利用模式为重点的研究成果较少。此外，相关研究多基于数据调查描述服务的使用和需求状况，较少涉及促进服务利用的因素或路径的讨论。

第二节　北京模式的总结与探讨

北京作为中国首善之区，其残疾人事业紧扣首都功能定位和建设国际一流和谐宜居之都的目标，逐步创建了残疾人社会服务北京模式。如《北京市“十三五”时期残疾人事业发展规划》指出，“十二五”期间北京市残疾人服务设施建设实现历史性突破，市职业康复托养中心、康复医院和13个区级职业康复中心正在建设或建成使用，386个示范残疾人温馨家园和市辅助器具资源中心、基层辅助器具服务指导站运转顺畅。北京着眼推进服务体系科学化、专业化，制定《北京市残疾人基本公共服务目录》，构建残疾人服务管理系统，特别是实施残疾人服务“一卡通”工程，提高了残疾人服务信息化、智能化水平；创新服务提供方式，培育残疾人社会服务组织315个，实施政府购买服务项目90个，在全国发挥了示范引领作用。[2]

相比之下，学界关于促进残疾人社会服务利用的北京模式的分析略显不足。2015年全国残疾人基本服务状况和需求专项调查中，虽然北京市掌握了全市43.06万名持证残疾人的基本服务状况和需求、6807个社区（村）残疾人公共服务情况的基本信息，为残疾人公共服务专业化、类别化和个性化打下了基础，但从研究进展来看，依据上述全国残疾人调查北京市数据进行的探索成果仅有2篇学术论文，虽提出了有关建议，但以现状描述为主，可见与此相关的理论探讨与总结有待加强。

具体地，一项基于上述调查的全面数据的研究表明，北京市的持证残疾

---

[1] 中国残疾人事业发展研究会．残疾人社会保障与服务研究［M］．北京：华夏出版社，2010；唐钧，李敬．广东省残疾人社会服务体系研究［M］．北京：研究出版社，2010.

[2] 北京市残疾人联合会．北京市“十三五”时期残疾人事业发展规划［EB/OL］．［2016-08-25］．http://www.bdpf.org.cn/zwxx/zwgk/ghjh/c61134/content.html.

人享有康复、辅助器具、居家安养等服务的水平较高，不同性别、年龄、户籍、残疾状况的残疾人对基本服务的利用和需求存在较为明显的差异。该研究因而提出要建立多元化服务供给机制，引导社会力量，充分利用发展社会事业的优惠政策，引导市场力量兴办残疾人服务机构，鼓励各类组织和个人以公办民营、民办公助、政府资助、财政补贴等多种方式举办专门面向残疾人服务的社会机构，制定相应激励政策。同时，重视培育和发挥非政府组织在社区残疾人公共服务中的作用，整合社会资源，提高服务机构的综合效益；各政府部门加强协调，解决因政策不配套、待遇不统一而制约民办服务机构发展的问题，完善对民办服务机构的补助政策，保护民办服务机构的积极性，扩大服务能力，减轻政府财政负担，从而使残疾人基本公共服务得到更加切实的保障。[1]

另一项利用该数据就教育状况的研究表明，有 62.3% 的学龄前残疾儿童被安置于特殊教育和普通教育机构；义务教育阶段的残疾学龄儿童中有 71.4% 在不同教育机构接受教育，28.6% 没有在校接受教育，其中 70% 的未在校残疾儿童希望能“送教上门”；15 岁及以上残疾人接受教育的比例为 86.6%。可见与健全人相比，北京市残疾人存在受教育水平较低、发展不均衡、早期教育环节薄弱等问题，而“送教上门”服务工作的主要困难是政策不完善、专业教师少等。该研究就此提出需拓展残疾儿童受教育机会及完善融合教育的支持体系，主张以 2007 年世界卫生组织发布的《国际功能、残疾和健康分类（儿童与青少年版）》为导向，在实践中将基于身体结构和功能的干预与基于环境的干预同步开展，以使残疾儿童身体缺陷的功能补偿和教育活动有机结合，构建“医教”结合的特殊教育模式。同时通过加强联盟协作完善“送教上门”的工作体系，借鉴国际经验加强针对残疾学生的教育支持，如设置常规支持、教育 / 个人策略教学支持、职业辅助和工作经验支持、辅助技术支持、行政支持与无障碍设施支持及各项细分，提升残疾人高

[1] 陈功，张旭 . 北京市残疾人基本服务状况及需求分析［J］. 残疾人研究，2016（2）：73–79.

等教育的融合发展。[1]

进一步广泛搜索北京市残疾人服务可及性方面的研究，同样发现从工作实绩上来看，北京市残疾人服务体系日益完善，在现有政策与实践中对残疾儿童与老年人进行了重点关注，但对服务利用模式的解释性探讨不足，对残疾青少年人群的系统性关注不够。

残疾青少年处在从儿童向成年人过渡的人生阶段，接受社会公共服务是其参与社会生活的主要方式，也是减缓慢性病蔓延和降低疾病负担的有效手段。[2]同时，残疾青少年兼具残疾人和青少年的特征，是残疾人群中的更脆弱者。当他们从熟悉的家庭逐步走向陌生的社会，这一重大的人生转变将给其带来巨大冲击。为残疾青少年提供精准社会公共服务，不但能提高其生活质量，还能发挥促进社会稳定的特殊功能。

因而本书将充分利用2015年全国残疾人基本服务状况和需求专项调查北京市数据，对北京市残疾人中的重点人群之一的残疾青少年之服务可及性问题进行系统研究。

以往研究表明服务可及性对人群健康结局至关重要，是与公平、效率和质量并列的影响健康结局的重要维度。服务可及性首先在卫生服务领域获得了关注，随后在其他公共服务领域引起重视。1968年，安德森（R.M.Andersen）提出了解释个体卫生服务可及性的模型，即社会行为模型或安德森模型，随后该模型一直是服务可及性研究的基础。2000年，联合国经济和社会事务部进一步指出，可及性包括四个方面：无歧视性的、物理上的、经济上的和信息上的可及性。2011年，德罗斯（K.P.Derose）等提出了可及性操作化研究框架。但未见关于残疾青少年服务可及性的专门探讨。同时，以往调查表明，2006年北京市残疾人服务需求与利用存在着较大的差距，但缺乏系统研究。换言之，作为残疾人中的更脆弱者，残疾青少年服务可及性理论与现况尚不

---

❶ 刘艳虹，吴曼曼，邹酬云，等．北京市残疾人教育状况的调查研究［J］．残疾人研究，2016（3）：71–78.

❷ WHO.WHO Global Disability Action Plan 2014–2021: Better Health For All People with Disability（世卫组织2014—2021年全球残疾问题行动计划：增进所有残疾人的健康）［R］. 2014.

明朗。

总的来看，全国残疾人基本服务状况和需求专项调查将有助于今后逐步建立健全“以残疾人基本服务状况和需求信息平台为依托、以智能化残疾人证为载体”的残疾人工作长效管理、动态服务机制，进而有助于提升工作信息化水平，推动残疾人事业治理体系发展，为治理能力现代化奠定基础。但相比之下，我国残疾人社会服务可及性理论研究落后于实践建设。残疾青少年作为残疾人中的更脆弱者，针对其开展服务可及性促进理论模式的探讨，具有重要的理论和实践意义。

第三节　研究意义

一、理论意义

本书将以《国务院关于加快推进残疾人小康进程的意见》（国发〔2015〕7号）为指导，充分利用已有全国调查数据和2015年全国残疾人基本服务状况和需求专项调查北京市数据，全面掌握北京市残疾青少年服务及利用现况，筛选重点人群，同时探寻服务可及性机理，识别适宜于北京市残疾青少年的服务模式。同时，建立国内外残疾青少年可及性促进文献资料库，丰富残疾青少年发展的知识体系。

二、现实意义

本书通过研究形成若干重点人群针对性促进策略并加以推广，围绕实际工作中的难点和问题加以解决，形成综合性的可及性促进策略。同时，本研究可吸引全社会对残疾青少年事业及残疾青少年发展的关注，提高全社会对残疾青少年问题的认识，增强全社会的助残惠残意识，促进残疾青少年福利事业的发展，从而促进残疾青少年的发展。

第二章　研究设计

第一节　研究框架

一、研究框架

本书旨在对北京市残疾青少年社会服务现况进行评估并探明可及性促进机理，明确服务可及性促进策略。研究的理论框架（见图 2–1）以安德森（R.M.Andersen）可及性理论模型和德罗斯（K.P.Derose）可及性操作模型为基础，对残疾青少年服务可及性影响因素和模型做深度数据挖掘。

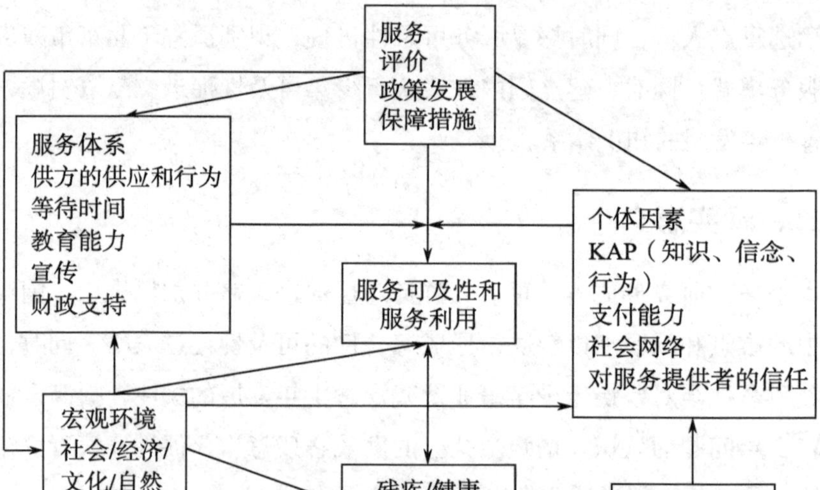

图 2–1　北京市残疾青少年社会服务可及性研究理论框架

二、具体研究内容

（1）结合理论框架对北京市残疾青少年服务现况进行评估，通过影响因素模型分析可及性低的人群特征，确定重点人群。

（2）对可及性低的社会服务类型的残疾青少年特征进行重点探讨，进一步对服务可及性高的社会服务类型的残疾青少年特征进行分析，以期找到可及性的个人行为模式。

（3）分析八项社会服务[1]的需求状况，从满足需求的角度促进服务利用。

（4）基于定量数据仅反映持证残疾青少年状况的现实，考察残疾人是否申办残疾人证的社会成因，以探讨残疾人接受社会服务的行为逻辑。

（5）结合个人、服务体系和社会宏观环境因素，探讨北京市残疾青少年服务可行性策略（见图 2–2）。

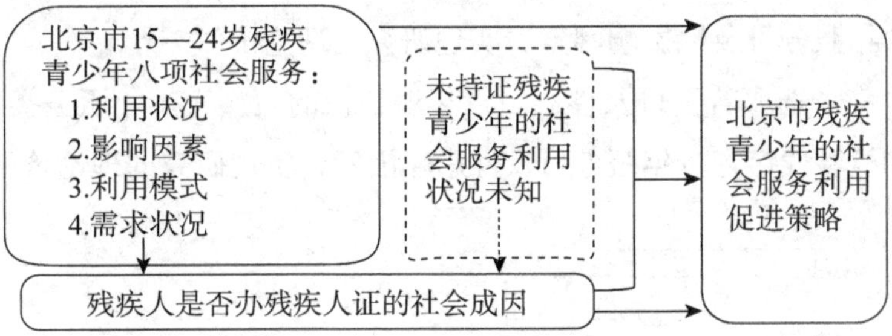

图 2–2　北京市残疾青少年社会服务可及性研究内容

三、基本观点

在探明现况的基础上，拟提出以下基本观点：

（1）北京市残疾青少年是残疾人中的更脆弱者；

（2）北京市残疾青少年办理“残疾人证”的意愿低于一般残疾人口；

（3）促进残疾青少年社会服务可及性的模式多样；

（4）现代化与信息化是促进残疾青少年社会服务可及性的有利条件。

[1] 八项社会服务包括康复、教育、辅助器具、养护照料、就业、文化体育、家庭无障碍改造、法律。

四、研究思路

本书将充分利用已有全国调查数据与2015年全国残疾人基本服务状况和需求专项调查北京市数据来开展研究（见图2–3）。

（一）现状与影响因素研究

全面掌握北京市残疾青少年服务利用现况，系统评估北京市残疾青少年可及性现状和重点群体类别特征与低可及性因素。

（二）模式与机理探讨

针对可及性不同，根据可干预、现有研究基础较好，对社会、经济影响大及以下原则，具体探讨北京市残疾青少年社会服务模式。

（1）低：选取若干可及性低、近年增长慢的残疾青少年服务类型，探寻残疾青少年服务可及性影响因素，实现研究的理论价值。

（2）高：选取若干可及性高、近年增长快的残疾青少年服务类型，进一步回应和检验残疾青少年服务可及性影响因素，实现研究的理论价值。

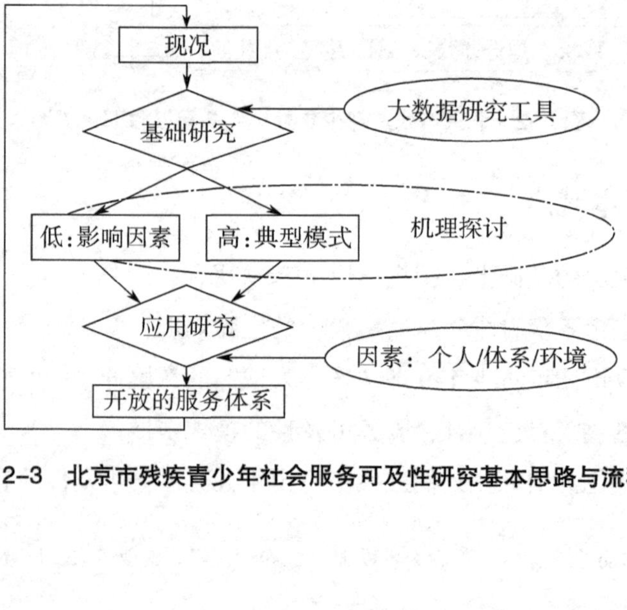

图2–3　北京市残疾青少年社会服务可及性研究基本思路与流程

（三）促进策略分析

参考国内外有关残疾青少年服务可及性促进经验与研究成果，综合考虑北京市的社会、经济发展状况，制定北京市残疾青少年服务可及性促进的重点和措施，进行残疾青少年服务可及性促进策略的研究。

五、分析方法与视角

本研究采用多学科视角，以人口学为主，结合社会学、公共管理学、统计学、医学、公共卫生学等学科开展多学科交叉研究。

（一）比较分析法

不同残疾特征的残疾青少年服务利用率不同，不同服务供给的服务利用渠道与效果不同，不同国内外宏观环境下残疾青少年服务供给与利用模式不同，等等。多方面的差异性需要就残疾青少年服务可及性人群特点、影响因素、可及性路径、典型模式、促进策略等进行横向比较。

（二）文献研究法

围绕残疾青少年服务可及性及残疾青少年发展有关主题，文献研究法包括对以往研究进行的历史文献研究、对已有全国调查数据及结果采用大数据分析方法进行的二次分析和内容分析、对政府及有关部门的统计数据进行统计的资料文献研究。

（三）政策分析法

利用公共政策分析的方法对现有的残疾青少年服务可及性促进相关政策进行分析和评估，并结合数据分析提出残疾青少年服务可及性促进策略。

（四）大数据分析方法

本研究采用数据挖掘随机森林方法（RandomForest）对调查统计数据进行定量分析。使用的是R数据挖掘统计软件。

六、创新之处

（一）理论创新

残疾青少年社会服务可及性的影响因素复杂多样，本研究结合北京市社会、经济、文化和人口等多种因素，基于2015年全国残疾人基本服务状况和需求专项调查北京市数据，分析影响其社会服务可及性的因素，研究发现有望对服务可及性理论有所创新。

（二）内容和方法创新

本研究采用大数据二次分析和内容分析，将系统深入地展示“十二五”以来北京市残疾青少年社会服务可及性的状况，在内容和方法上有所创新。

第二节　研究方法

本书以定量研究为主，结合定性研究方法得出结果，并与以往研究进行对比讨论，最终得出研究结论。

具体而言，本书将采用调查研究、实地研究与文献研究等方法研究北京市残疾青少年社会服务可及性状况及模式。多维研究方法的设计提高了本研究的效度和信度。

换言之，本书将基于社会功能论等理论视角，采用二次分析方法，基于2015年全国残疾人基本服务状况和需求专项调查北京市数据，对北京市残疾青少年社会服务可及性展开实证研究，并采用内容分析的方法对相关文献进行研究。

一、研究对象

研究对象为15—24岁的残疾青少年。这一年龄段人群具有无助、无力和无定的共性，但也具有较大的内部异质性。在北京市残疾青少年服务可及性现状和机理尚不明确时，采取较为宽泛的年龄标准，有利于采用比较研究等方法筛选重点人群。需要说明的是，由 2015 年全国残疾人基本服务状况和需求专项调查中关于残疾人劳动就业状况的问卷部分仅由 16—59 周岁者填报，因此本书研究残疾青少年的就业服务的相关状况时的研究对象为 16—24 岁残疾青少年。

二、全面调查简介

全国残疾人基本服务状况和需求专项调查是以 2015 年 1 月 1 日为调查标准时点、对全国登记在册的约 3000 万残疾人以及登记在册却暂未持证的疑似残疾儿童开展一对一的调查登记。该调查重点了解各类残疾人在生活救助、社会保障、康复服务、就业帮扶、扶贫开发、无障碍改造、权益维护等方面的服务状况及托底服务需求等内容。[1]具体到北京市而言，共完成对 430630 位残疾人的入户调查，其中男性 240531 人，占 55.9%，女性 190099 人，占 44.1%；农业户口 172252 人，占 40.0%，非农业户口 258378 人，占 60.0%。为更好地将全国专项调查工作与北京市正在推进的残疾人服务体系建设工作紧密结合，在调查残疾人基本服务需求的同时，建立长效、动态的需求生成机制，北京市对全国调查表项目进行了扩展，使之既满足全国调查要求，又满足北京市今后开展常态化需求调查的需要。[2]本书在定量研究部分纳入分析的主要是北京市 8963 名 15—24 岁持证的残疾青少年。

三、定量分析技术

（一）技术流程

首先基于频数分析对北京市残疾青少年某类社会服务利用状况进行描述，然后采用列联分析对服务利用状况与有关因素之间的相关性进行检验。

---

❶ 中国残疾人联合会 . 全国残疾人基本服务状况和需求专项调查启动［J］. 中国残疾人，2015（2）：15.

❷ 陈功，张旭 . 北京市残疾人基本服务状况及需求分析［J］. 残疾人研究，2016（2）：73-79.

最后，针对利用状况与有关因素之间的关系进行模型探索，所采用的分类数据分析方法是随机森林。

（二）随机森林简介

随机森林是基于决策树的组合方法，主要以分类误判率和变量重要性分值为模型输出（不给出类似线性回归那样易于解释的模型方程）。它比（它产生以前的）其他所有的分类方法更精确，[1] 并将结果可视化，具有较好的效率与精度。同时，研究中重点关注上述相关因素对社会服务利用状况的影响模式，须将其他所有变量边缘化后，拟合主要促进因素与该利用状况之间的函数关系，并以部分依赖图（partial dependence plot）加以演示。随机森林在变量相对较多的情况下仍能就某因素对服务利用可能性的边际效应（marginal effect of a variable on the class probability）进行分析，这正是本研究主要关注的。

随机森林之所以具备上述特征，是因为它是基于决策树的组合方法，它将所有样本随机分为训练集与测试集，通过对训练集进行多次自助法（bootstrap）放回抽样，对训练样本做多次（比如 k 次）放回抽样，每次抽取和测试集样本量同等的观测值，产生 k 个不同的样本。然后对每个样本生成一棵决策树。这样，每棵树都对一个新的观测值产生一个预测。在生成树的时候，每个节点的分叉都仅仅在随机选出的少数变量中选择。因此，不但样本是随机的，每棵树、每个节点的产生都有很大的随机性，而且每棵树尽量令其增长而不进行修剪。这些树的分类结局的多数（或称为众数）即产生研究所需的分类。

应用自助法（bootstrap）放回抽样，随机森林从原始训练数据中随机抽取样本量一定的 k 个新的训练集，每次未被抽到的样本组成了 k 个袋外（out-of-bag，OOB）数据。针对每个训练集，随机森林在树节点随机抽取 m 个变量［参数 mtry，决策树节点随机抽取的变量数（number of variables randomly sampled as candidates at each split）］，运用分类回归树（Classification And

[1] BREIMAN L.Random Forests［J］.Machine Learning，2001，45（2）:5-32.

Regression Tree，CART）构建一个无限生长即不剪枝的决策树。形象地来看，这 k 棵树［参数 ntree，树的数目（number of trees of grow）］组成一个随机森林模型。

（三）模型结果：误判率、可信度、相似性

（1）误判率。由于随机森林不假定总体分布，是非参数统计模型，所以可以利用袋外数据进行分类误差的无偏估计。决策树构建时，对袋外样本中每一个观测值进行测试，得到每个观测值的测试结果。随机森林构建完成后，对袋外数据测试结果进行汇总，依据少数服从多数的投票原则确定每一个观测值的分类，并与观测值的真实类属进行比较，得到袋外样本中所有观测值被错误分类的比例。这个对袋外数据进行测试得到的分类错误率被称为随机森林袋外误判率，是模型效果的直接参数。

最后，随机森林模型以矩阵形式（称为随机森林混淆矩阵）将观测值真实类属与模型判断分类结果进行类比，以提供模型的敏感性与特异性。

（2）可信度。随机森林对每个观测值进行分类的正确率与最大误判率之差决定模型总体正确率。差值为正数说明该观测值被正确归类，差值为负数则说明该观测值被错误归类。同时，分类的可信度表现在，一个观测值在随机森林多个决策树的判断中被正确归类的比例与被错误归类的最大比例之差越接近 1，表明观测值被正确分类的把握越大；越接近 –1 越可能被误判；靠近 0 附近的值的分类则表明存在一定的偶然性。

（3）相似性。相似性是随机森林中的核心概念，从缺失值的处理到确定观测值的重要程度、分类或回归都需要基于由随机森林产生的相似矩阵进行。所谓相似矩阵是线性代数的范畴，指存在相似关系的矩阵，是一个对称且对角线元素为 1 的正交矩阵，其第 n 行第 k 列的元素可定义为观测值 n 与观测值 k 的相似度。采用多维定标来演示本研究中的随机森林相似矩阵，可以直观地考察模型效果与观测值聚类属性。[1]

---

[1] 杨蓉蓉．中国未婚青少年妊娠结局与保护性因素研究［M］．北京：中国社会科学出版社，2017：66–68.

四、实地研究

（一）小型民族志

本研究同时采用了小型民族志的质性研究方法，通过对田野调查中的关键信息人（key informants）即报道人进行访谈来了解残疾人这一研究对象所处的社区和社会系统，从而研究民众视角下（lay perspective）的残疾人是否办理残疾人证的社会成因。具体来说，是对残疾人所处社区和社会系统中的关键信息人进行访谈，询问他们周围是否有残疾人、他们周围的残疾人是否办理残疾人证及原因，即通过报道人这一角色间接收集有关残疾人办理残疾人证的资料。这一方法以“镜中我理论”（looking glass self）[1]为指导，依据个人（残疾人）对自我的认识、了解和定位根源于在与他人（社区与社会系统中的关键信息人）的社会互动中所形成的他人评价与态度，从他人的评价和态度的角度来关注残疾人办证的社会系统。需要说明的是，对残疾人本身而言，其家人是其是否申办残疾人证的直接利益相关人，所以样本抽样框界定在残疾人所处社区和社会系统中的关键信息人，但不包括残疾人及其家庭成员。这一研究设计可以解决“难以全面地接触到各类残疾人”及“研究问题的敏感性”等问题，数据资料具有较高的信效度。

（二）资料收集

本研究采用目的性抽样与方便抽样相结合的方式，访谈对象为在北京生活的社会民众。考虑到残疾人证与残疾人的生活和福利尤其与就业紧密相关，资料收集时笔者利用教师的社会身份，有目的地抽取在校学生和从业人员（职业不限）两大类人群进行访谈。2017 年 1—7 月，笔者以面对面访谈的方式收集了该两大类受访者对残疾人证的认知、对残疾人持证行为的评价及他们所认为的影响残疾人办证的因素，还收集了受访者的性别、年龄、职业等个人信息，重点关注受访者与残疾人之间的社会关系，并进一步向其询

---

[1] 库利 . 人类本性与社会秩序［M］. 包一凡，王湲，译 . 北京：华夏出版社，1999：118.

问残疾人办证情况与社会人口学特征（性别、年龄、受教育水平、残疾类别、残疾程度、家庭经济状况、享受的福利补贴水平等）的联系。根据受访者掌握的信息的丰富程度，每例访谈时长为15—60分钟，同时在征得受访者同意的前提下对访谈内容进行录音。

（三）资料分析

访谈资料形成文字后，研究者在质性分析软件NVivo 8[1]中采用“主题”分析法[2]对资料进行分析。具体地，笔者在对所有的访谈材料进行浏览之后，在自由编码的同时，逐步归纳提取资料中的核心内容即主题（theme），然后分析各主题之间的关联，并总结民众视角下残疾人是否办证的社会成因。

第三节　认识残疾青少年

一、人口学特征

2015年北京市一共有8963位15—24岁的持证残疾青少年，占持证残疾人的2.1%，平均年龄为20.22岁。其中58.4%为男性，62.7%为非农业户口，73.6%未就业，75.9%识字，83.8%所在家庭人均收入高于北京市最低收入标准，33.2%超过法定婚龄但未婚，4.6%已婚有配偶。北京市残疾青少年人数的区划分布不均衡，朝阳区的残疾青少年（10.3%）最多，石景山区（2.5%）最少。智力残疾（43.4%）占比最大；极重度（18.8%）和重度（30.1%）残疾青少年占近半数（见表2–1）。

---

[1] WELSH E. Dealing with data: Using NVivo in the qualitative data analysis process［J］. Forum Qualitative Social Research, 2002.

[2] 伍伟，李栩薏．浅析“主题”分析法在英语新闻阅读中的应用［J］．中国科技信息，2011（24）：202.

表 2-1　2015 年北京市残疾青少年社会人口学及残疾特征基本情况表（n=8963）

特征		人数（人）	百分比（%）
性别	男	5235	58.4
	女	3728	41.6
年龄（岁）	15	590	6.6
	16	628	7.0
	17	719	8.0
	18	823	9.2
	19	858	9.6
	20	878	9.8
	21	889	9.9
	22	1022	11.4
	23	1068	11.9
	24	1488	16.6
户籍	农业	3341	37.3
	非农业	5622	62.7

特征		人数（人）	百分比（%）
区划	东城区	471	5.3
	西城区	635	7.1
	朝阳区	920	10.3
	海淀区	837	9.3
	丰台区	670	7.5
	石景山区	225	2.5
	通州区	532	5.9
	顺义区	554	6.2
	大兴区	585	6.5
	昌平区	700	7.8
	房山区	781	8.7
	门头沟区	288	3.2
	平谷区	579	6.5
	怀柔区	339	3.8

特征		人数（人）	百分比（%）
区划	密云县*	456	5.1
	延庆县*	391	4.4
残疾类别	视力残疾	502	5.6
	听力残疾	678	7.6
	言语残疾	84	0.9
	肢体残疾	2377	26.5
	智力残疾	3894	43.4
	精神残疾	608	6.8
	多重残疾	820	9.1
残疾程度（m=3）**	极重度	1682	18.8
	重度	2701	30.1
	中度	2665	29.7
	轻度	1912	21.3

注：* 根据 2015 年 11 月北京市人民政府发布的《北京市人民政府关于撤销密云县、延庆县设立密云区、延庆区的通知》（京政发〔2015〕53 号），经国务院批准，北京市撤销密云县、延庆县，设立密云区、延庆区；以原密云县的行政区域为密云区的行政区域；以原延庆县的行政区域为延庆区的行政区域。由于全国残疾人基本服务状况和需求专项调查的调查标准时点为 2015 年 1 月 1 日，因而为了保持文中数据的变量值与调查时一致，本书在图表展示数据结果时如必要则仍使用“密云县”“延庆县”，但正文文字表述时如必要则统一使用“密云区”“延庆区”。上述文件参见北京市住房和城乡建设委员会官方网站上发布的通知：http://zjw.beijing.gov.cn/bjjs/xxgk/qtwj/gcjsltz/353447/index.shtml.**m 表示缺失值。

二、残疾人中的更脆弱人群

通过比较北京市残疾青少年和残疾总人口的残疾特征发现，北京市持证残疾总人口中肢体残疾人占比最大（56.2%），约2/3的人（65.8%）残疾程度为中度（26.6%）和轻度（39.2%）。相比之下，北京市残疾青少年智力残疾人占比最大（43.4%），近一半的人（48.9%）残疾程度在重度及以上（见表2–2）。这从一定程度上说明了残疾青少年是北京市残疾人中的更脆弱人群。这提示政府和社会向残疾人提供社会服务时须结合残疾人生命历程提供精准服务。

表2–2　2015年北京市的残疾青少年与残疾总人口的残疾特征比较

（单位：%）

特征		占残疾总人口百分比	占残疾青少年百分比
残疾类别	视力残疾	10.8	5.6
	听力残疾	7.1	7.6
	言语残疾	0.6	0.9
	肢体残疾	56.2	26.5
	智力残疾	11.1	43.4
	精神残疾	10.3	6.8
	多重残疾	3.8	9.1
残疾程度	极重度	11.4	18.8
	重度	22.7	30.1
	中度	26.6	29.7
	轻度	39.2	21.3

第三章　北京市残疾青少年社会服务需求与利用分析

北京市残疾青少年社会服务种类包括康复、教育、辅助器具、养护照料、就业、文化体育、家庭无障碍改造和法律八种常见服务。本章基于对北京市残疾青少年社会服务需求与服务利用的总的分析，提供残疾青少年社会服务可及性概览。

第一节　社会服务需求序位及人群特征

调查中询问了受访者对社会服务的需求情况。教育服务需求对受访者年龄有规定，为3—6岁的学前教育需求和6—14岁的义务教育需求。调查中未询问受访者文化体育需求。因而研究中仅对有数据信息的六项社会服务需求进行分析。

一、需求序位：康复等六项

北京市残疾青少年对六项社会服务的需求率从高到低依次为康复（78.5%）、辅助器具（69.6%）、养护照料（26.9%）、就业（就业扶持26.1%，职业介绍25.8%）、家庭无障碍改造（20.4%）、法律（12.7%）。具体来看，在康复服务中，精神残疾青少年对药物的需求率（65.6%）最高，智力残疾青少年对社会适应能力训练的需求率（4.4%）最低，差距较大，其他康复服务的需求率集中在17.4%—31.4%；辅助器具服务中，听力/言语残疾青少年对助听器的需求率（57.0%）最高，肢体残疾青少年对轮椅的需求率（15.2%）最低，所有残疾青少年对信息咨询的需求率（16.2%）也较低；养护照料服务中，居家安养的需求率高达68.0%；就业服务中，残疾青少年对就业扶持和职业介绍的需求率分别为26.1%、25.8%（见表3-1）。

表 3-1　2015 年北京市残疾青少年社会服务需求情况

服务种类	需求人数（人）	需求率（%）
康复（n=8963）	7034	78.5
视功能训练（视力残疾，n=502）	146	29.1
听觉能力训练（听力 / 言语残疾，n=762）	213	28.0
理疗 / 中医（肢体残疾，n=2377）	747	31.4
社会适应能力训练（智力残疾，n=3894）	173	4.4
药物（精神残疾，n=608）	399	65.6
康复知识培训（n=8963）	1560	17.4
辅助器具（n=8963）	6236	69.6
助视器（视力残疾，n=502）	173	34.5
助听器（听力 / 言语残疾，n=762）	434	57.0
轮椅（肢体残疾，n=2377）	361	15.2
防走失定位系统（智力残疾，n=3894）	1854	47.6
防走失定位系统（精神残疾，n=608）	269	44.2
信息咨询（n=8963）	1455	16.2
养护照料（n=8963）	2414	26.9
居家安养（n=2414）	1641	68.0
就业（n=3374）*		
就业扶持（m=24）	873	26.1
职业介绍（m=239）	809	25.8
家庭无障碍改造（n=8540）	1740	20.4
法律（n=8540）	1086	12.7

注：* 就业需求仅报告分项数据。就业需求调查分为两个题设“目前就业扶持需求”和“目前就业服务需求”，并分别设置多个备选答案。据此数据分析分两项，并结合后者的备选答案的内容将其重命名为“职业介绍需求”，以避免分项名称与总的就业服务需求这一主题相混淆。

二、康复服务需求人群差异

比较北京市残疾青少年康复服务需求的人群差异发现，男性残疾青少年对康复服务的需求率（78.3%）和女性残疾青少年对康复服务的需求率（78.7%）十分相近，性别对残疾青少年康复服务需求情况没有显著影响；15—24 岁残疾青少年分年龄的康复服务需求率集中在 75.6%—82.5%，15 岁残疾青少年的康复服务需求率最高，20 岁最低，残疾青少年的年龄对其康复服务需求情况有显著影响（$p<0.001$）；城市残疾青少年的康复服务需求率

（80.2%）显著高于农村残疾青少年的康复服务需求率（75.6%），户口性质对残疾青少年的康复服务需求情况有显著影响（p<0.001）；首都功能核心区的残疾青少年康复服务需求率（92.3%）显著高于其他三大功能区；从残疾类别来看，精神残疾青少年的康复服务需求率（89.3%）最高，言语残疾的康复服务需求率（65.5%）最低，智力、精神和多重残疾青少年的康复服务需求率显著高于视力残疾青少年的康复服务需求率（70.5%）；从残疾程度来看，康复服务需求率从高到低依次为重度残疾（82.6%）、极重度残疾（80.3%）、中度残疾（79.5%）、轻度残疾（69.7%），极重度残疾青少年的康复服务需求率显著低于重度残疾青少年，但显著高于中度和轻度残疾青少年（见表 3-2）。

表 3-2　2015 年北京市残疾青少年康复服务需求的社会人口学差异（n=8963）

特征		需求人数（人）	百分比（%）	调整后的 OR 值			p 值
				OR 值	下限	上限	
性别（以女性为参照组）	男	4100	78.3	1.051	0.946	1.167	0.354
	女	2934	78.7				
年龄（岁）	15	487	82.5	0.962	0.945	0.980	0.000
	16	504	80.3				
	17	592	82.3				
	18	640	77.8				
	19	677	78.9				
	20	664	75.6				
	21	704	79.2				
	22	790	77.3				
	23	837	78.4				
	24	1139	76.5				
户口状况（以非农业为参照组）	农业	2526	75.6	1.265	1.118	1.430	0.000
	非农业	4508	80.2				
区划（以首都功能核心区为参照组）	首都功能核心区	1021	92.3				
	城市功能拓展区	1981	74.7	0.245	0.192	0.311	0.000
	城市发展新区	2427	77.0	0.308	0.240	0.395	0.000
	生态涵养发展区	1605	78.2	0.363	0.280	0.471	0.000

续表

特征		需求人数（人）	百分比（%）	调整后的 OR 值			p 值
				OR 值	下限	上限	
残疾类别（以视力残疾为参照组）	视力	354	70.5				
	听力	491	72.4	0.932	0.715	1.216	0.605
	言语	55	65.5	0.732	0.444	1.206	0.220
	肢体	1762	74.1	1.215	0.977	1.512	0.080
	智力	3133	80.5	1.547	1.244	1.923	0.000
	精神	543	89.3	2.858	2.052	3.979	0.000
	多重	696	84.9	1.869	1.408	2.480	0.000
残疾程度（以极重度为参照组，m=3）	极重度	1351	80.3				
	重度	2231	82.6	1.618	1.366	1.915	0.000
	中度	2120	79.5	1.819	1.568	2.108	0.000
	轻度	1332	69.7	1.517	1.313	1.752	0.000

三、辅助器具需求人群差异

比较北京市残疾青少年辅助器具需求的人群差异发现，男性残疾青少年的辅助器具需求率（69.7%）和女性残疾青少年的辅助器具需求率（69.4%）差距很小，性别对残疾青少年的辅助器具需求没有显著影响；15—24 岁残疾青少年分年龄的辅助器具需求率集中在 66.9%—73.3%，17 岁残疾青少年的辅助器具需求率最高，20 岁最低，但差距较小，残疾青少年的年龄对其辅助器具需求没有显著影响；农村残疾青少年的辅助器具需求率（71.5%）显著高于城市残疾青少年的辅助器具需求率（68.4%），户口性质对残疾青少年的辅助器具需求有显著影响（p<0.001）；首都功能核心区的残疾青少年辅助器具需求率（89.2%）显著高于其他三大功能区；从残疾类别来看，听力残疾青少年对辅助器具的需求率（82.0%）最高，肢体残疾青少年的辅助器具需求率（61.7%）最低，视力残疾青少年的辅助器具需求率（69.3%）与听力、肢体和多重残疾青少年有显著差异；从残疾类别来看，辅助器具需求率从高到低依次为极重度残疾（79.0%）、重度残疾（73.0%）、中度残疾（69.4%）、轻度残疾（56.7%），残疾程度越轻，辅助器具需求率越低，极重度残疾青少年的辅助器具需求率显著高于重度、中度和轻度残疾青少年（见表 3–3）。

表 3-3　2015 年北京市残疾青少年辅助器具需求的社会人口学差异（n=8963）

特征		需求人数（人）	百分比（%）	调整后的 OR 值			p 值
				OR 值	下限	上限	
性别（以女性为参照组）	男	3648	69.7	1.001	0.910	1.101	0.983
	女	2588	69.4				
年龄（岁）	15	418	70.8	1.016	1.000	1.033	0.056
	16	444	70.7				
	17	527	73.3				
	18	572	69.5				
	19	594	69.2				
	20	587	66.9				
	21	613	69.0				
	22	685	67.0				
	23	748	70.0				
	24	1048	70.4				
户口状况（以非农业为参照组）	农业	2388	71.5	1.455	1.301	1.626	0.000
	非农业	3848	68.4				
区划（以首都功能核心区为参照组）	首都功能核心区	986	89.2				
	城市功能拓展区	1711	64.5	4.812	3.906	5.927	0.000
	城市发展新区	2122	67.3	5.069	4.088	6.285	0.000
	生态涵养发展区	1417	69.0	4.321	3.450	5.413	0.000
残疾类别（以视力残疾为参照组）	视力	348	69.3				
	听力	556	82.0	0.620	0.467	0.824	0.001
	言语	57	67.9	1.314	0.786	2.197	0.298
	肢体	1467	61.7	1.373	1.107	1.702	0.004
	智力	2772	71.2	1.063	0.858	1.317	0.574
	精神	476	78.3	0.884	0.665	1.175	0.395
	多重	560	68.3	1.535	1.188	1.983	0.001
残疾程度（以极重度为参照组，m=3）	极重度	1329	79.0				
	重度	1972	73.0	0.347	0.295	0.408	0.000
	中度	1850	69.4	0.491	0.429	0.562	0.000
	轻度	1085	56.7	0.598	0.524	0.683	0.000

四、养护照料需求人群差异

比较北京市残疾青少年养护照料需求的人群差异发现，男性残疾青少年的养护照料需求率（27.0%）和女性残疾青少年的养护照料需求率（26.8%）

差异很小，性别对残疾青少年的养护照料需求没有显著影响；15 岁残疾青少年的养护照料需求率最低（19.8%），21 岁残疾青少年的养护照料需求率（29.8%）最高，年龄对残疾青少年的养护照料需求影响显著（p=0.001）；农村残疾青少年的养护照料需求率（30.6%）显著高于城市残疾青少年的养护照料需求率（24.8%），户口性质对残疾青少年的养护照料需求有显著影响（p<0.001）；四大功能区的残疾青少年养护照料需求率集中在 25.1%—29.8%，差距较小，除城市发展新区外，首都功能核心区的残疾青少年养护照料需求率和其他两大功能区没有显著差异；从残疾类别来看，精神残疾青少年的养护照料需求率（40.1%）最高，言语残疾青少年的养护照料需求率（7.1%）最低，需求率差距超过 30%，听力残疾青少年的养护照料需求率（7.8%）也较低，视力残疾青少年的养护照料需求率（13.7%）显著低于肢体、智力、精神和多重残疾青少年；从残疾程度来看，养护照料需求率从高到低依次为极重度残疾（36.0%）、重度残疾（33.4%）、中度残疾（26.8%）、轻度残疾（10.0%），残疾程度越轻，养护照料需求率越低，极重度残疾青少年的养护照料需求率显著高于重度、中度和轻度残疾青少年（见表 3–4）。

表 3–4　2015 年北京市残疾青少年养护照料需求的社会人口学差异（n=8963）

特征		需求人数（人）	百分比（%）	调整后的 OR 值			p 值
				OR 值	下限	上限	
性别（以女性为参照组）	男	1416	27.0	1.014	0.918	1.120	0.784
	女	998	26.8				
年龄（岁）	15	117	19.8	1.029	1.011	1.047	0.001
	16	150	23.9				
	17	198	27.5				
	18	203	24.7				
	19	247	28.8				
	20	238	27.1				
	21	265	29.8				
	22	283	27.7				
	23	311	29.1				
	24	402	27.0				

续表

特征		需求人数（人）	百分比（%）	调整后的 OR 值			p 值
				OR 值	下限	上限	
户口状况（以非农业为参照组）	农业	1021	30.6	0.743	0.658	0.838	0.000
	非农业	1393	24.8				
区划（以首都功能核心区为参照组）	首都功能核心区	278	25.1				
	城市功能拓展区	694	26.2	1.067	0.901	1.263	0.453
	城市发展新区	830	26.3	0.819	0.684	0.980	0.029
	生态涵养发展区	612	29.8	1.158	0.954	1.405	0.138
残疾类别（以视力残疾为参照组）	视力	69	13.7				
	听力	53	7.8	0.366	0.249	0.540	0.000
	言语	6	7.1	0.338	0.140	0.815	0.016
	肢体	461	19.4	1.558	1.174	2.069	0.002
	智力	1319	33.9	2.722	2.069	3.581	0.000
	精神	244	40.1	2.777	2.032	3.794	0.000
	多重	262	32.0	1.830	1.349	2.483	0.000
残疾程度（以极重度为参照组，m=3）	极重度	606	36.0				
	重度	902	33.4	5.510	4.542	6.683	0.000
	中度	715	26.8	3.964	3.323	4.730	0.000
	轻度	191	10.0	2.663	2.227	3.184	0.000

五、就业需求人群差异

（一）就业扶持

比较北京市残疾青少年就业扶持需求的人群差异发现，男性残疾青少年的就业扶持需求率（27.0%）略高于女性残疾青少年的就业扶持需求率（24.7%），性别对残疾青少年的就业扶持需求没有显著影响；16—24 岁残疾青少年的分年龄就业扶持需求率集中在 22.0%—30.9%，16 岁残疾青少年的就业扶持需求率最低，19 岁最高，年龄对残疾青少年的就业扶持需求影响显著（p=0.004）；农村残疾青少年的就业扶持需求率（26.7%）略高于城市残疾青少年的就业扶持需求率（25.6%），残疾青少年的户口性质对其就业扶持需求没有显著影响；从北京市四大功能区来看，城市发展新区的残疾青少年就业扶持需求率（29.5%）最高，城市功能拓展区的残疾青少年就业扶持需求率（20.9%）最低，除城市功能拓展区以外，首都功能核心区的残疾青少年就业扶持需求率和其他两大功能区没有显著差异；从残疾类别来看，不同残疾类别的残疾青少年就业扶持需求率集中在23.1%—30.9%，差距较小，除智力残疾以外，视力残疾青少年的就业扶持需求率和其他类别的残疾青少年没有显著差异；从残疾程度来看，重度残疾青少年的就业扶持需求率（28.5%）略高于极重度（25.4%）、中度（25.1%）和轻度（25.4%）残疾青少年的就业扶持需求率，但除中度外，极重度残疾青少年的就业扶持需求率与重度和轻度残疾青少年无显著差异（见表3–5）。

表3–5　2015年北京市残疾青少年就业扶持需求的社会人口学差异（n=3350）*

<table>
<tr><th colspan="2" rowspan="2">特征</th><th rowspan="2">需求人数（人）</th><th rowspan="2">百分比（%）</th><th colspan="3">调整后的OR值</th><th rowspan="2">p值</th></tr>
<tr><th>OR值</th><th>下限</th><th>上限</th></tr>
<tr><td rowspan="2">性别（以女性为参照组）</td><td>男</td><td>541</td><td>27.0</td><td rowspan="2">0.895</td><td rowspan="2">0.762</td><td rowspan="2">1.050</td><td rowspan="2">0.174</td></tr>
<tr><td>女</td><td>332</td><td>24.7</td></tr>
<tr><td rowspan="9">年龄（岁）</td><td>16</td><td>13</td><td>22.0</td><td rowspan="9">0.948</td><td rowspan="9">0.913</td><td rowspan="9">0.983</td><td rowspan="9">0.004</td></tr>
<tr><td>17</td><td>26</td><td>26.8</td></tr>
<tr><td>18</td><td>50</td><td>26.2</td></tr>
<tr><td>19</td><td>85</td><td>30.9</td></tr>
<tr><td>20</td><td>104</td><td>30.1</td></tr>
<tr><td>21</td><td>108</td><td>29.2</td></tr>
<tr><td>22</td><td>126</td><td>24.5</td></tr>
<tr><td>23</td><td>143</td><td>23.7</td></tr>
<tr><td>24</td><td>218</td><td>24.4</td></tr>
<tr><td rowspan="2">户口状况（以非农业为参照组）</td><td>农业</td><td>365</td><td>26.7</td><td rowspan="2">1.101</td><td rowspan="2">0.909</td><td rowspan="2">1.332</td><td rowspan="2">0.325</td></tr>
<tr><td>非农业</td><td>508</td><td>25.6</td></tr>
<tr><td rowspan="4">区划（以首都功能核心区为参照组）</td><td>首都功能核心区</td><td>115</td><td>28.1</td><td></td><td></td><td></td><td></td></tr>
<tr><td>城市功能拓展区</td><td>203</td><td>20.9</td><td>0.675</td><td>0.516</td><td>0.883</td><td>0.004</td></tr>
<tr><td>城市发展新区</td><td>333</td><td>29.5</td><td>1.103</td><td>0.834</td><td>1.459</td><td>0.491</td></tr>
<tr><td>生态涵养发展区</td><td>222</td><td>26.4</td><td>0.927</td><td>0.690</td><td>1.245</td><td>0.613</td></tr>
</table>

续表

特征		需求人数（人）	百分比（%）	调整后的 OR 值			p 值
				OR 值	下限	上限	
残疾类别（以视力残疾为参照组）	视力	67	29.0				
	听力	67	25.5	0.830	0.553	1.245	0.367
	言语	11	26.8	0.855	0.402	1.819	0.684
	肢体	271	29.3	0.972	0.704	1.342	0.862
	智力	347	23.1	0.668	0.483	0.924	0.015
	精神	52	25.6	0.780	0.504	1.208	0.266
	多重	58	30.9	1.036	0.670	1.601	0.874
残疾程度（以极重度为参照组）	极重度	101	25.4				
	重度	233	28.5	0.990	0.740	1.324	0.944
	中度	287	25.1	1.255	1.007	1.563	0.043
	轻度	252	25.4	1.122	0.912	1.380	0.278

注：* 指明确回答了有无就业扶持需求（即有效数据）的有就业意愿和劳动能力的 16—24 岁非在校残疾青少年为 3350 人。

（二）职业介绍

比较北京市残疾青少年职业介绍需求的人群差异发现，女性残疾青少年的职业介绍需求率（25.9%）略高于男性残疾青少年的职业介绍需求率（25.7%），但性别对残疾青少年的职业介绍需求没有显著影响；16—24 岁残疾青少年的分年龄职业介绍需求率集中在 19.3%—33.9%，差距不大，残疾青少年的年龄对其职业介绍需求有显著影响（$p<0.001$）；农村残疾青少年的职业介绍需求率（27.1%）高于城市残疾青少年的职业介绍需求率（24.9%），但户口性质对残疾青少年的职业介绍需求没有显著影响；从北京市四大功能区来看，城市发展新区的残疾青少年职业介绍需求率（31.1%）最高，城市功能拓展区的残疾青少年职业介绍需求率（18.4%）最低且显著低于首都功能核心区；从残疾类别来看，肢体残疾青少年的职业介绍需求率（29.5%）最高，智力残疾青少年的职业介绍需求率（22.4%）最低，除智力残疾外，视力残疾青少年的职业介绍需求率与其他五类残疾青少年无显著差异；从残疾程度来看，轻度残疾青少年的职业介绍需求率最高（27.3%），以极重度残疾为参照，

不同残疾程度的残疾青少年的职业介绍需求率的差异不显著（见表 3–6）。

表 3–6　2015 年北京市残疾青少年职业介绍需求的社会人口学差异（n=3135）*

特征		需求人数（人）	百分比（%）	调整后的 OR 值			p 值
				OR 值	下限	上限	
性别（以女性为参照组）	男	481	25.7	1.012	0.857	1.194	0.890
	女	328	25.9				
年龄（岁）	16	11	19.3	0.916	0.882	0.952	0.000
	17	31	33.0				
	18	51	29.5				
	19	87	33.9				
	20	82	26.2				
	21	96	28.1				
	22	130	26.6				
	23	129	23.1				
	24	192	22.6				
户口状况（以非农业为参照组）	农业	349	27.1	1.119	0.919	1.364	0.263
	非农业	460	24.9				
区划（以首都功能核心区为参照组）	首都功能核心区	104	27.5				
	城市功能拓展区	168	18.4	0.592	0.445	0.787	0.000
	城市发展新区	326	31.1	1.243	0.929	1.664	0.142
	生态涵养发展区	211	26.5	0.953	0.701	1.297	0.761
残疾类别（以视力残疾为参照组）	视力	60	28.0				
	听力	63	25.7	0.950	0.621	1.452	0.812
	言语	12	29.3	1.021	0.484	2.155	0.956
	肢体	254	29.5	1.023	0.729	1.435	0.896
	智力	314	22.4	0.678	0.482	0.954	0.026
	精神	55	28.6	1.032	0.659	1.617	0.889
	多重	51	28.5	1.045	0.659	1.655	0.853
残疾程度（以极重度为参照组）	极重度	93	24.5				
	重度	198	26.4	0.810	0.598	1.095	0.171
	中度	262	24.5	0.991	0.787	1.247	0.939
	轻度	256	27.3	0.981	0.793	1.215	0.864

注：* 指明确回答了有无职业介绍需求（即有效数据）的有就业意愿和劳动能力的 16—24 岁非在校残疾青少年为 3135 人。

六、家庭无障碍改造服务需求人群差异

比较北京市残疾青少年家庭无障碍改造服务需求的人群差异发现，女性残疾青少年的家庭无障碍改造需求率（21.3%）略高于男性残疾青少年的家庭无障碍改造需求率（19.7%），但性别对残疾青少年的家庭无障碍改造需求没有显著影响；15—24 岁残疾青少年的分年龄家庭无障碍改造需求率集中在 17.5%—23.3%，差距较小，残疾青少年的年龄对其家庭无障碍改造需求没有显著影响；农村残疾青少年的家庭无障碍改造需求率（25.0%）显著高于城市残疾青少年的家庭无障碍改造需求率（17.5%），户口性质对残疾青少年的家庭无障碍改造需求有显著影响（$p<0.001$）；从北京市四大功能区来看，城市发展新区的残疾青少年的家庭无障碍改造需求率（27.1%）最高，城市功能拓展区的残疾青少年的家庭无障碍改造需求率（11.7%）最低，首都功能核心区的残疾青少年的家庭无障碍改造需求率（24.5%）显著高于城市功能拓展区和生态涵养发展区；从残疾类别来看，视力残疾青少年的家庭无障碍改造需求率（37.7%）最高，智力残疾青少年的家庭无障碍改造需求率（10.6%）最低，视力残疾青少年的家庭无障碍改造需求率显著高于其他六类残疾青少年；从残疾程度来看，家庭无障碍改造需求率从高到低依次为极重度残疾（26.1%）、重度残疾（23.4%）、轻度残疾（18.3%）和中度残疾（15.7%），极重度残疾青少年的家庭无障碍改造需求率显著高于后三者（见表 3–7）。

表 3–7　2015 年北京市残疾青少年家庭无障碍改造服务需求的社会人口学差异（n=8540）*

<table>
<tr><th colspan="2" rowspan="2">特征</th><th rowspan="2">需求人数（人）</th><th rowspan="2">百分比（%）</th><th colspan="3">调整后的 OR 值</th><th rowspan="2">p 值</th></tr>
<tr><th>OR 值</th><th>下限</th><th>上限</th></tr>
<tr><td rowspan="2">性别（以女性为参照组）</td><td>男</td><td>984</td><td>19.7</td><td rowspan="2">1.109</td><td rowspan="2">0.990</td><td rowspan="2">1.242</td><td rowspan="2">0.073</td></tr>
<tr><td>女</td><td>756</td><td>21.3</td></tr>
<tr><td rowspan="7">年龄（岁）</td><td>15</td><td>106</td><td>19.7</td><td rowspan="7">0.994</td><td rowspan="7">0.974</td><td rowspan="7">1.013</td><td rowspan="7">0.517</td></tr>
<tr><td>16</td><td>136</td><td>23.3</td></tr>
<tr><td>17</td><td>140</td><td>20.8</td></tr>
<tr><td>18</td><td>159</td><td>20.5</td></tr>
<tr><td>19</td><td>170</td><td>21.1</td></tr>
<tr><td>20</td><td>148</td><td>17.5</td></tr>
<tr><td>21</td><td>160</td><td>18.9</td></tr>
</table>

续表

特征		需求人数（人）	百分比（%）	调整后的 OR 值			p 值
				OR 值	下限	上限	
年龄（岁）	22	202	20.7	0.994	0.974	1.013	0.517
	23	212	20.6				
	24	307	21.0				
户口状况（以非农业为参照组）	农业	829	25.0	0.675	0.588	0.774	0.000
	非农业	911	17.5				
区划（以首都功能核心区为参照组）	首都功能核心区	269	24.5				
	城市功能拓展区	305	11.7	0.350	0.289	0.425	0.000
	城市发展新区	756	27.1	0.861	0.710	1.044	0.128
	生态涵养发展区	410	20.1	0.545	0.443	0.671	0.000
残疾类别（以视力残疾为参照组）	视力	185	37.7				
	听力	218	32.2	0.664	0.514	0.859	0.002
	言语	10	13.5	0.175	0.086	0.353	0.000
	肢体	685	29.2	0.631	0.510	0.780	0.000
	智力	389	10.6	0.150	0.120	0.188	0.000
	精神	66	11.0	0.142	0.102	0.197	0.000
	多重	187	28.0	0.482	0.370	0.629	0.000
残疾程度（以极重度为参照组，m=3）	极重度	407	26.1				
	重度	575	23.4	2.064	1.716	2.483	0.000
	中度	412	15.7	2.128	1.803	2.510	0.000
	轻度	346	18.3	1.533	1.290	1.822	0.000

注：* 指明确回答了有无家庭无障碍改造服务需求（即有效数据）的 15—24 岁残疾青少年为 8540 人。

七、法律服务需求人群差异

比较北京市残疾青少年法律服务需求的人群差异发现，女性残疾青少年的法律服务需求率（13.0%）略高于男性残疾青少年的法律服务需求率（12.5%），差距很小，性别对残疾青少年的法律服务需求没有显著影响；15—24 岁残疾青少年的分年龄法律服务需求率集中在 10.9%—14.3%，差距较小，20 岁残疾青少年的法律服务需求率最高，15 岁最低，年龄对残疾青少年的法律服务需求没有显著影响；农村和城市残疾青少年的法律服务需求率十分相近，但从统计上而言，户口性质对残疾青少年的法律服务需求有显著影响（p =

0.017）；从北京市四大功能区来看，城市发展新区的残疾青少年法律服务需求率（17.7%）最高，生态涵养发展区的残疾青少年法律服务需求率（8.8%）最低，首都功能核心区的残疾青少年法律服务需求率（15.6%）显著高于城市功能拓展区和生态涵养发展区，显著低于城市发展新区；从残疾类别来看，精神残疾青少年的法律服务需求率（16.9%）最高，言语残疾青少年的法律服务需求率（6.8%）最低，二者差距较大，但视力残疾青少年的法律服务需求率（13.2%）和其他类型残疾青少年没有显著差异；从残疾程度来看，法律服务需求率从高到低依次为极重度残疾（14.6%）、重度残疾（13.6%）、中度残疾（12.5%）、轻度残疾（10.3%），残疾程度越轻，法律服务需求越低（见表 3–8）。

表 3–8　2015 年北京市残疾青少年法律服务需求的社会人口学差异（n=8540）*

特征		需求人数（人）	百分比（%）	调整后的 OR 值			p 值
				OR 值	下限	上限	
性别（以女性为参照组）	男	624	12.5	0.952	0.835	1.085	0.459
	女	462	13.0				
年龄（岁）	15	59	10.9	1.001	0.979	1.024	0.909
	16	68	11.6				
	17	94	13.9				
	18	93	12.0				
	19	103	12.8				
	20	121	14.3				
	21	114	13.5				
	22	112	11.5				
	23	139	13.5				
	24	183	12.5				
户口状况（以非农业为参照组）	农业	418	12.6	0.824	0.703	0.965	0.017
	非农业	668	12.8				
区划（以首都功能核心区为参照组）	首都功能核心区	171	15.6				
	城市功能拓展区	242	9.3	1.757	1.422	2.171	0.000
	城市发展新区	493	17.7	0.757	0.612	0.938	0.011
	生态涵养发展区	180	8.8	1.644	1.286	2.102	0.000
残疾类别（以视力残疾为参照组）	视力	65	13.2				
	听力	75	11.1	1.351	0.940	1.941	0.104
	言语	5	6.8	2.381	0.919	6.169	0.074
	肢体	282	12.0	1.167	0.870	1.565	0.304
	智力	468	12.7	1.145	0.858	1.528	0.358
	精神	102	16.9	0.874	0.617	1.238	0.449
	多重	89	13.3	1.061	0.743	1.515	0.744

续表

特征		需求人数（人）	百分比（%）	调整后的OR值			p值
				OR值	下限	上限	
残疾程度（以极重度为参照组，m=3）	极重度	227	14.6				
	重度	336	13.6	0.741	0.595	0.925	0.008
	中度	327	12.5	0.766	0.629	0.932	0.008
	轻度	196	10.3	0.791	0.649	0.964	0.020

注：* 指明确回答了有无法律服务需求（即有效数据）的15—24岁残疾青少年为8540人。

第二节　社会服务利用序位与总体比较

一、社会服务利用率序位

八项社会服务中，残疾青少年对康复服务的利用率（86.9%）最高，其次是识字率[1]（75.9%），这两项服务的利用率远高于其他六项。仅有5.9%的残疾青少年近年来曾接受过法律服务（见表3-9）。

表3-9　2015年北京市残疾青少年社会服务利用率

服务种类	利用人数（人）	利用率（%）
康复（n=8963）	7791	86.9
教育（n=8963）	6806	75.9
辅助器具（n=8963）	4092	45.7
养护照料（n=8963）	4028	44.9
就业（n=8001）	2114	26.4
文化体育（n=8963）	1856	20.7
家庭无障碍改造（n=8963）	1366	15.2
法律（n=8540）	504	5.9

注：本研究中的服务利用状况所报告的是时点指标值，但由于调查中不同服务项目利用情况的时间规定性不尽相同，因而所标注的“2015年”仅指受访者是否在调查标准时点2015年1月1日前曾（在规定的时间段内）利用过该项社会服务。

[1] 教育服务中，除分别调查3—6岁、7—14岁残疾人口的教育需求外，还调查了15岁及以上残疾人口的识字状况和受教育程度，以及在园在校者的就读学校。本研究根据15—24岁残疾人口的识字状况计算的识字率，用以说明15—24岁残疾青少年的教育服务利用状况。

二、社会服务利用模式总体比较

在对残疾青少年在康复、教育、辅助器具、养护照料、就业、文化体育、家庭无障碍改造、法律等方面的现有服务利用状况进行描述性分析和模式初探的基础上，本研究进一步归纳了北京市残疾青少年社会服务利用模式，旨在甄别相对更脆弱人群和服务利用成效模式。

（一）影响因素模型效果

总体来看，在性别、年龄、户口性质、区划、教育、就业状况、收入、婚姻状况、残疾类别、残疾程度诸因素之中，年龄、区划和残疾因素对残疾青少年社会服务利用的影响尤为明显。

具体地，如表 3–10 所示，残疾青少年对八项社会服务的利用率从高到低依次为康复、教育、辅助器具、养护照料、就业、文化体育、家庭无障碍改造和法律。八项社会服务相关因素模型中，法律服务相关因素模型的分类正确率（94.03%）最高，就业服务相关因素模型的分类正确率（65.92%）最低。康复、教育和就业服务相关因素模型倾向于将观测值判断为使用了该项社会服务；文化体育、家庭无障碍改造和法律服务相关因素模型则倾向于将观测值判断为未使用该项社会服务；辅助器具和养护照料服务相关因素模型判断倾向不明显，对使用和未使用该项社会服务的残疾青少年进行分类时正确率相差不大。总体来说，本研究中的八个残疾青少年社会服务利用相关因素模型都对观测值进行了较为准确的分类，但这些社会服务利用相关因素的特异性较低。

表 3–10　2015 年北京市残疾青少年社会服务利用相关因素模型总体误判率与混淆矩阵

利用率排序	服务种类（样本量，利用率）	观测值是否使用	模型判断是否使用		分类误判率（%）	模型总体袋外误判率（%）
			未使用	使用		
1	康复（n=8963，86.9%）	未使用（n=1172）	252	917	78.43	11.84
		使用（n=7791）	144	7647	1.85	
2	教育（n=8537，79.0%）	不识字（n=1797）	790	1007	56.03	19.08
		识字（n=6740）	622	6118	9.23	

续表

利用率排序	服务种类（样本量，利用率）	观测值是否使用	模型判断是否使用		分类误判率（%）	模型总体袋外误判率（%）
			未使用	使用		
3	辅助器具（n=8963，45.7%）	未使用（n=4871）	3652	1219	25.02	32.77
		使用（n=4092）	1718	2374	41.98	
4	养护照料（n=8963，44.9%）	未使用（n=4935）	4118	817	16.56	17.74
		使用（n=4028）	773	3255	19.19	
5	就业（n=3374，62.7%）	未就业（n=1260）	482	778	61.75	34.08
		就业（n=2114）	372	1742	17.60	
6	文化体育（n=8540，21.7%）	未使用（n=6684）	6452	232	3.34	22.26
		使用（n=1856）	1669	187	89.92	
7	家庭无障碍改造（n=8540，16.0%）	未使用（n=7174）	7019	155	2.16	16.11
		使用（n=1366）	1221	145	89.39	
8	法律（n=8540，5.9%）	未使用（n=8036）	8019	17	0.21	5.97
		使用（n=504）	493	11	97.82	

注：在进行模型分析时，删除了缺失值较多的样本，因而各模型中的样本量与前文由频数分析使用的样本量不完全一致。其中，就业等模型分析中仅考虑有就业意向和劳动能力的16—24岁非在校残疾青少年。

（二）相对重要性因素序位

总体来看，在性别、年龄、户籍、区划、收入、婚姻状况、残疾类别、残疾程度等因素之中，区划、年龄、残疾类别和残疾程度对残疾青少年社会服务利用的影响尤为明显，是残疾青少年社会服务利用的四大影响因素。其中，影响识字率和养护照料利用率的首要因素是残疾类别，影响其他社会服务利用状况的首要因素是所在区划（见表3–11）。

表3–11　2015年北京市残疾青少年社会服务利用相对重要性因素分析

服务种类	项目	相关因素重要性排序			
		1	2	3	4
康复	相关因素	区划	年龄	残疾类别	残疾程度
	Gini 指数	456.12	192.73	128.77	106.76

续表

服务种类	项目	相关因素重要性排序			
		1	2	3	4
教育	相关因素	残疾类别	区划	残疾程度	年龄
	Gini 指数	444.90	425.34	355.91	346.1
辅助器具	相关因素	区划	年龄	残疾类别	残疾程度
	Gini 指数	852.72	372.70	367.99	230.27
养护照料	相关因素	残疾类别	残疾程度	区划	年龄
	Gini 指数	739.34	663.16	469.52	402.40
就业	相关因素	区划	年龄	残疾类别	残疾程度
	Gini 指数	260.11	170.75	128.90	111.25
文化体育	相关因素	区划	年龄	残疾类别	残疾程度
	Gini 指数	410.95	254.11	186.68	153.72
家庭无障碍改造	相关因素	区划	年龄	残疾类别	残疾程度
	Gini 指数	303.17	241.36	235.09	143.84
法律	相关因素	区划	年龄	残疾类别	残疾程度
	Gini 指数	144.75	92.97	69.60	61.46

注：Gini 指数是随机森林在分类时度量每棵决策树中关于某变量的分类纯度递减量之和（Gini lndex is the total decrease in node impurities from splitting on the variable over all trees，averaged over all trees）。

第三节　服务利用重要因素的具体影响

一、影响模式

如前所述，区划、年龄、残疾类别和残疾程度对残疾青少年社会服务利用的影响尤为明显，是残疾青少年社会服务利用的四大影响因素。

（一）年龄模式

比较年龄因素对八项社会服务利用的具体影响发现，残疾青少年的年龄对其康复、教育和辅助器具服务利用率呈近似倒U字形影响，年龄为15岁或者24岁时，残疾青少年使用康复和辅助器具服务的可能性最小，中间年龄段的残疾青少年使用康复、教育和辅助器具服务的可能性相对较大；残疾青少年的年龄对其养护照料、文化体育、家庭无障碍改造和法律服务利用率则呈近似U字形影响，15岁的残疾青少年使用养护照料服务、参与文化体育活动、利用家庭无障碍改造和使用法律服务的可能性最大，中间年龄段的残疾青少年使用这四项社会服务的可能性相对较小，之后年龄段的残疾青少年使用这四项社会服务的可能性又有所回升；年龄因素对残疾青少年就业服务利用的影响较为特殊，残疾青少年的年龄越大，其使用就业服务的可能性也越大（见图3-1）。

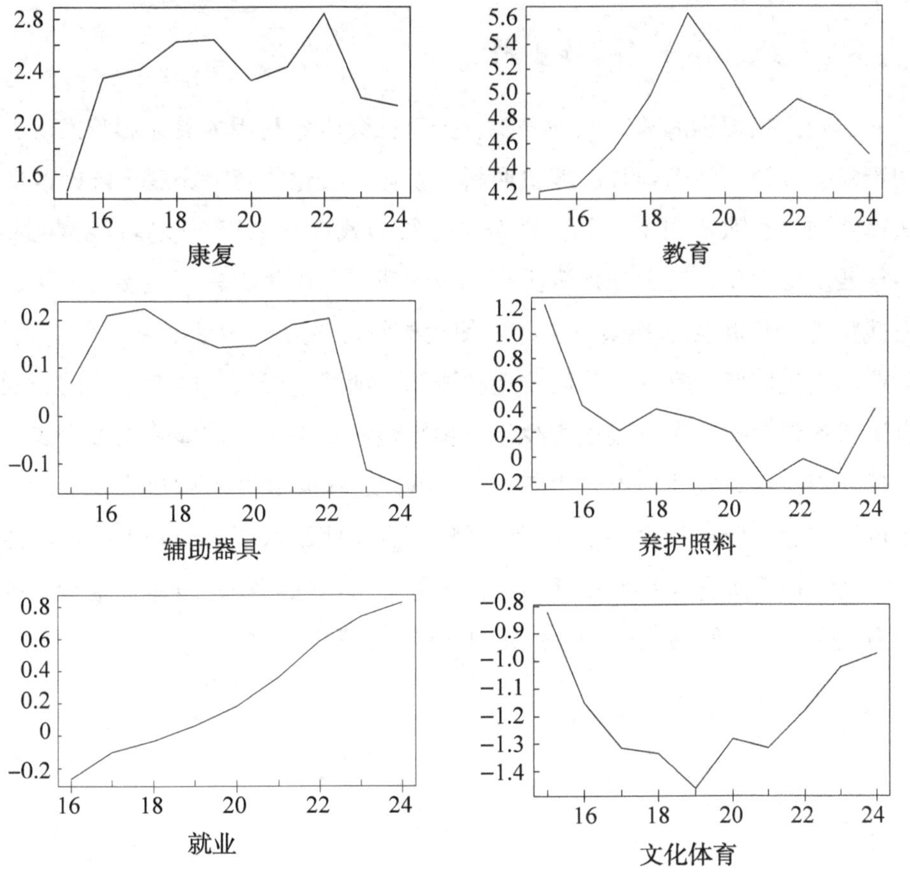

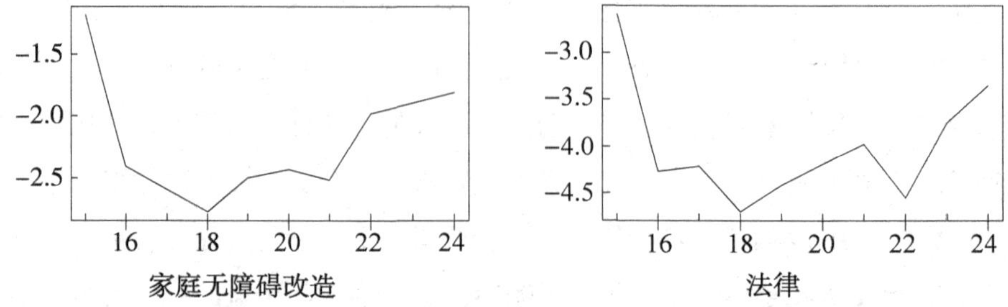

图 3-1　2015 年北京市残疾青少年社会服务利用的年龄模式

注：横轴为年龄，纵轴为将研究中的其他变量边缘化之后社会服务利用可能性与年龄的部分依赖程度。

（二）残疾模式（残疾类别）

比较残疾类别因素对八项残疾青少年社会服务利用的具体影响发现，使用康复、教育、辅助器具、养护照料、就业、文化体育、家庭无障碍改造和法律八项社会服务可能性最大的分别是智力残疾青少年、肢体残疾青少年、多重残疾青少年、智力残疾青少年、肢体残疾青少年、言语残疾青少年、听力残疾青少年和言语残疾青少年。使用康复、教育、辅助器具、养护照料、就业、文化体育、家庭无障碍改造和法律八项社会服务可能性最小的分别是言语残疾青少年、多重残疾青少年、精神残疾青少年、肢体残疾青少年、精神残疾青少年、肢体残疾青少年、智力残疾青少年和智力残疾青少年。总体来说，在七类残疾青少年中，言语残疾青少年使用八项社会服务的可能性较大，而精神残疾青少年使用八项社会服务的可能性较小，肢体残疾青少年和智力残疾青少年使用八项社会服务的针对性较强（见图 3-2）。

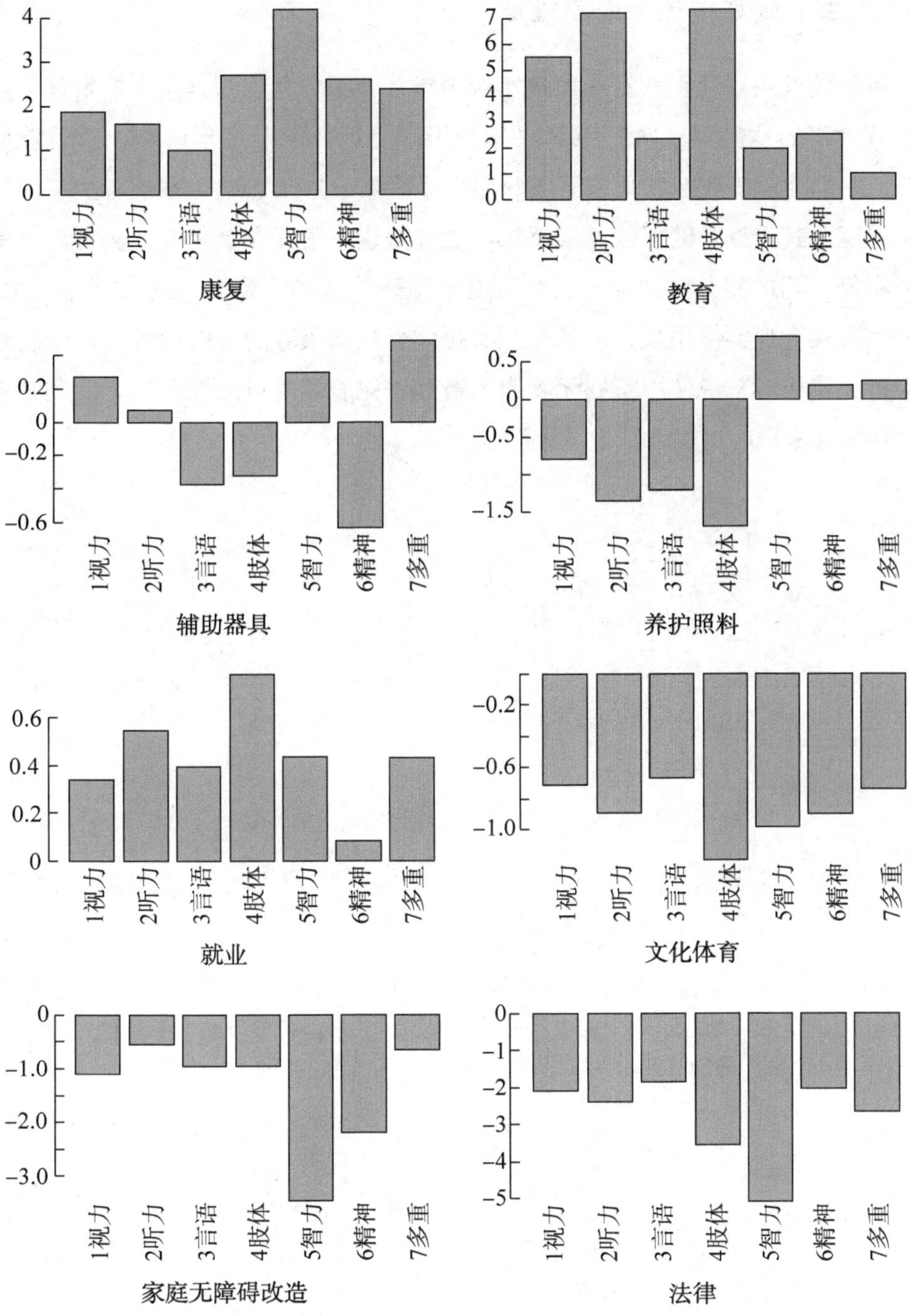

图 3-2　2015 年北京市残疾青少年社会服务利用的残疾模式（残疾类别）

（三）残疾模式（残疾程度）

比较残疾程度因素对八项残疾青少年社会服务利用的具体影响发现，残疾青少年的残疾程度对其康复服务利用率呈近似倒 U 字形影响，对就业服务、家庭无障碍改造和法律服务利用率呈近似 U 字形影响，残疾青少年的残疾程度与其受教育的可能性成反比。总体来说，重度和极重度残疾青少年使用康复、辅助器具、养护照料、家庭无障碍改造和法律服务的可能性较大；轻度残疾青少年使用教育、就业和文化体育活动服务的可能性较大，中度残疾青少年相对来说使用家庭无障碍改造和法律服务的可能性最小，使用其他六项社会服务的可能性居中（见图 3–3）。

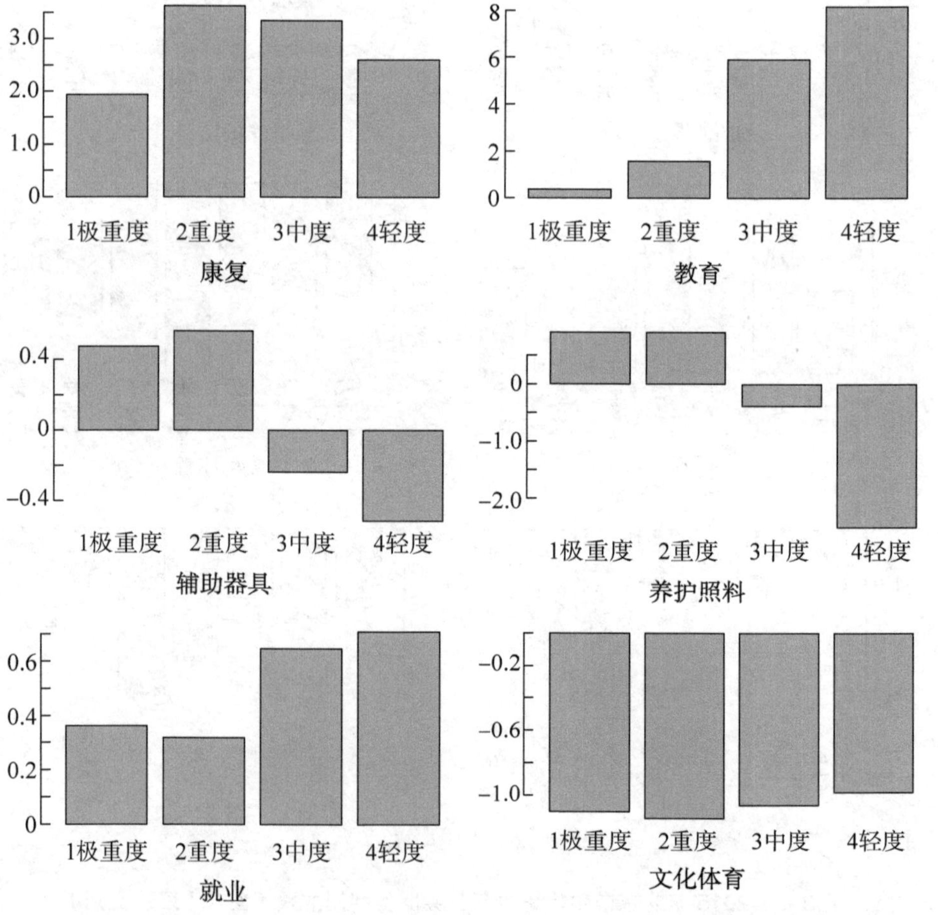

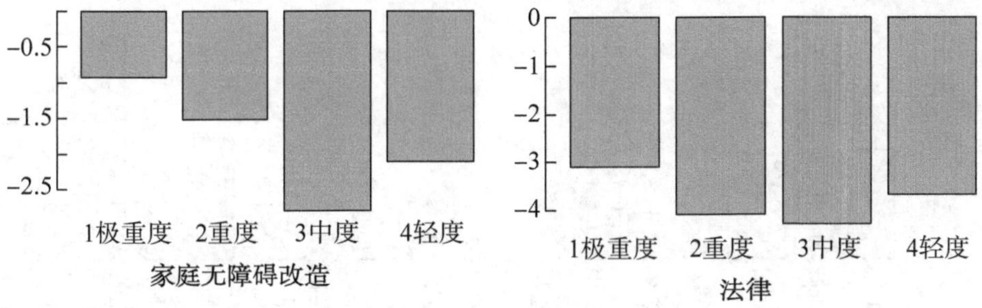

图 3-3　2015 年北京市残疾青少年社会服务利用的残疾模式（残疾程度）

（四）区划模式

比较区划因素对八项残疾青少年社会服务利用的具体影响发现，北京市16个区的残疾青少年除在接受教育的可能性上差异较小外，在其他七项残疾青少年社会服务利用上的区划差异都较大；16个区中，西城区的残疾青少年使用康复服务和接受教育的可能性最大，东城区的残疾青少年使用辅助器具的可能性最大，昌平区的残疾青少年使用养护照料和法律服务的可能性最大，平谷区的残疾青少年参加文体活动的可能性最大；顺义区的残疾青少年使用康复服务和辅助器具的可能性最小，海淀区的残疾青少年使用养护照料服务和利用家庭无障碍改造的可能性最小，通州区的残疾青少年使用就业服务的可能性最小。从北京市四大功能区来看，城市发展新区（通州、顺义、大兴、昌平、房山）和城市功能拓展区（朝阳、海淀、丰台、石景山）的残疾青少年使用各项社会服务的可能性整体较低，而且使用不同社会服务的可能性差距较大，首都功能核心区（东城、西城）的残疾青少年整体上使用各项社会服务的可能性较大（见图 3-4）。

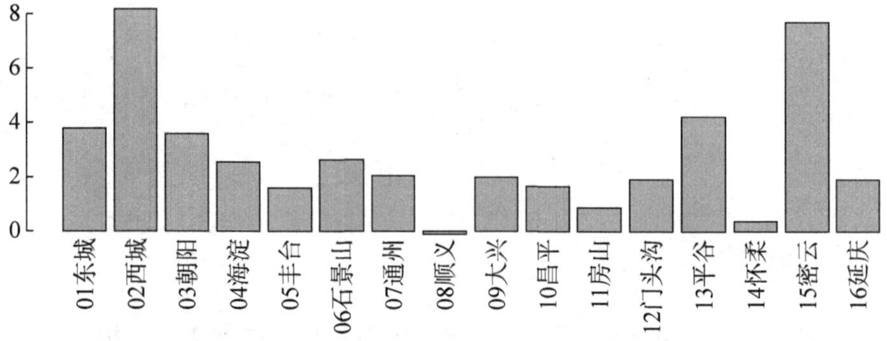
8
6
4
2
0
01东城
02西城
03朝阳
04海淀
05丰台
06石景山
07通州
08顺义
09大兴
10昌平
11房山
12门头沟
13平谷
14怀柔
15密云
16延庆

康复

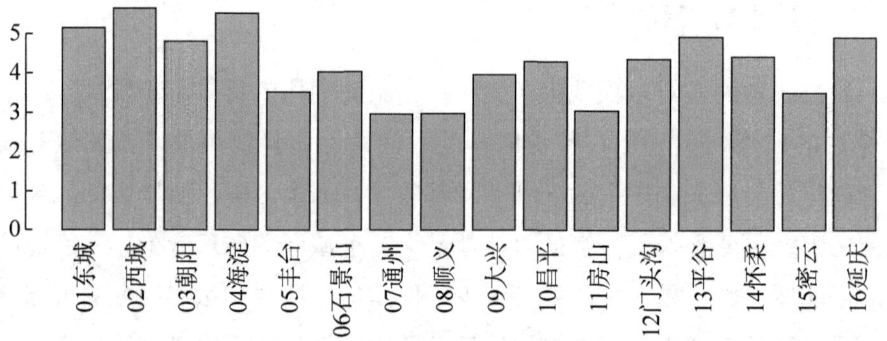
5
4
3
2
1
0
01东城
02西城
03朝阳
04海淀
05丰台
06石景山
07通州
08顺义
09大兴
10昌平
11房山
12门头沟
13平谷
14怀柔
15密云
16延庆

教育

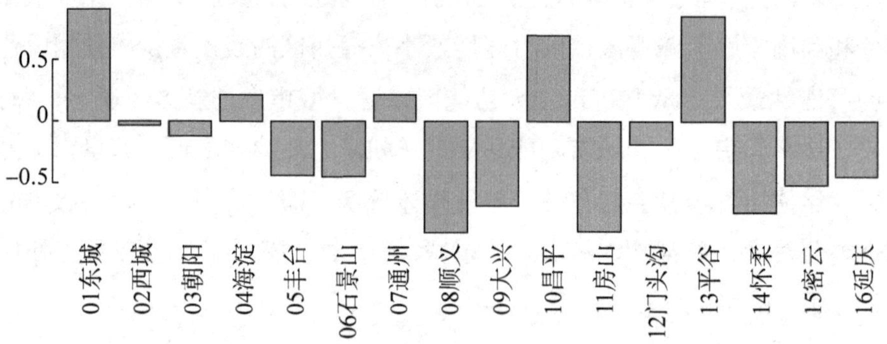
0.5
0
-0.5
01东城
02西城
03朝阳
04海淀
05丰台
06石景山
07通州
08顺义
09大兴
10昌平
11房山
12门头沟
13平谷
14怀柔
15密云
16延庆

辅助器具

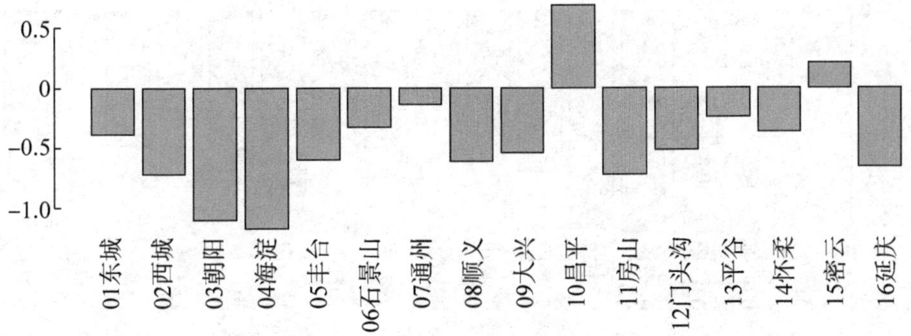
0.5
0
-0.5
-1.0
01东城
02西城
03朝阳
04海淀
05丰台
06石景山
07通州
08顺义
09大兴
10昌平
11房山
12门头沟
13平谷
14怀柔
15密云
16延庆

养护照料

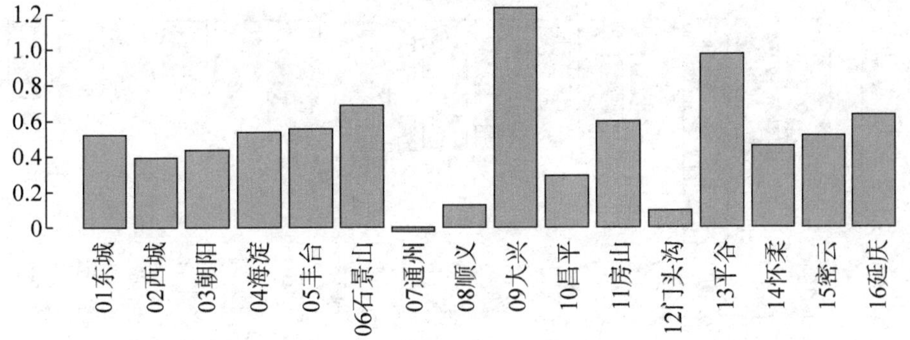
1.2
1.0
0.8
0.6
0.4
0.2
0
01东城
02西城
03朝阳
04海淀
05丰台
06石景山
07通州
08顺义
09大兴
10昌平
11房山
12门头沟
13平谷
14怀柔
15密云
16延庆

就业

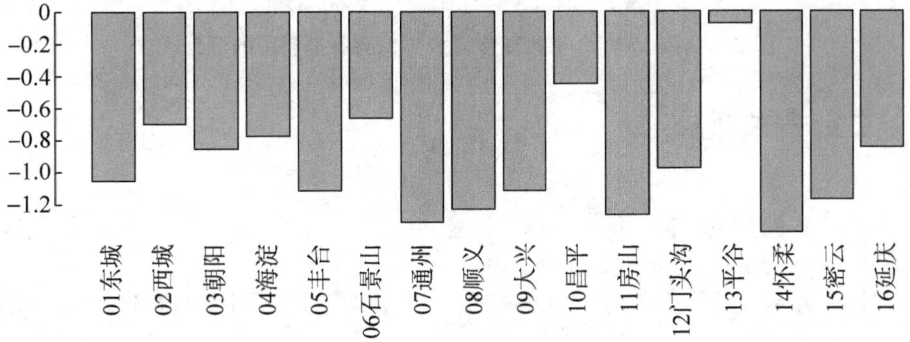
0
-0.2
-0.4
-0.6
-0.8
-1.0
-1.2
01东城
02西城
03朝阳
04海淀
05丰台
06石景山
07通州
08顺义
09大兴
10昌平
11房山
12门头沟
13平谷
14怀柔
15密云
16延庆

文化体育

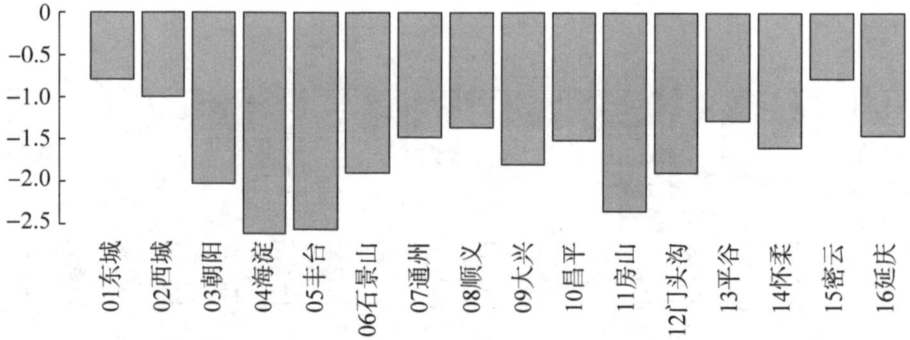

家庭无障碍改造

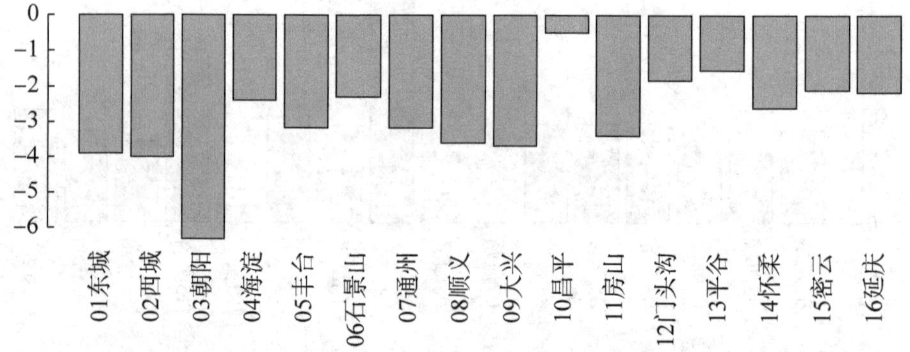

法律

图 3-4　2015 年北京市残疾青少年社会服务利用的区划模式

二、影响程度

（一）性别差异

性别差异主要体现在女性的教育和文化体育服务利用率高于男性，就业服务利用率低于男性。在考虑了年龄、户籍状况、主体功能区、残疾类别和残疾程度的影响之后，教育、就业和文化体育服务利用率的性别差异显著，女性的教育和文化体育服务利用率明显高于男性，就业服务利用率明显低于男性（见表 3-12）。

表 3-12　2015 年北京市残疾青少年社会服务利用的性别差异

服务种类	男（%）	女（%）	调整后的男－女 OR 值			p 值
			OR 值	下限	上限	
康复	87.0	86.8	0.988	0.869	1.123	0.852
教育	74.8	77.5	0.858	0.762	0.966	0.011
辅助器具	46.0	45.2	1.025	0.938	1.119	0.586
养护照料	45.2	44.6	1.024	0.922	1.137	0.662
就业	27.3	25.2	1.168	1.046	1.306	0.006
文化体育	20.9	23.0	0.888	0.800	0.987	0.027
家庭无障碍改造	15.7	16.4	0.924	0.817	1.046	0.214
法律	6.1	5.6	1.123	0.933	1.351	0.220

（二）年龄差异

年龄不同则服务利用率不同。残疾青少年随着年龄的增长，就业需求上升，就业服务的利用率不断增长，年龄与就业服务的利用率成正比。另外，年龄因素对残疾青少年养护照料服务利用率的影响也较为明显，15 岁和 16 岁的残疾青少年对养护照料服务的利用率较低，与 17—24 岁的残疾青少年相差较大。在控制了性别、户籍状况、主体功能区、残疾类别和残疾程度之后，年龄因素对康复、教育和法律服务的利用率没有显著影响，而对辅助器具、养护照料、就业、文化体育服务的利用率则有显著影响（见表 3-13）。

表 3-13　2015 年北京市残疾青少年社会服务利用的年龄分布

（单位：%）

年龄（岁）	15	16	17	18	19	20	21	22	23	24
康复	87.8	86.9	88.2	86.9	88.0	85.2	87.3	86.7	86.6	86.6
教育	75.8	74.4	72.7	77.0	75.2	77.9	73.1	75.3	75.9	79.0
辅助器具	50.2	50.6	50.1	46.8	45.0	44.8	48.0	46.1	43.5	39.7
养护照料	16.8	33.8	43.4	41.9	47.6	46.7	53.1	51.2	52.0	46.5
就业	—	2.6	6.2	11.0	17.0	22.0	26.5	35.3	41.5	44.6
文化体育	18.7	18.3	18.4	20.9	21.3	22.4	22.1	22.7	22.5	24.6
家庭无障碍改造	14.5	13.5	14.1	16.8	15.9	16.5	16.9	18.1	15.7	16.0
法律	5.8	4.5	5.8	5.0	6.5	6.4	7.0	5.7	5.1	6.5

二元 logistic 回归进一步表明，年龄不同，则服务利用率不同。比如，在就业方面，16—24 岁残疾青少年中，年龄越大，相对就业的人越多；养护照料方面也有类似的年龄差异性。在进一步考虑了性别、户籍、主体功能区、残疾类别和残疾程度的影响之后，残疾青少年辅助器具利用率、养护照料服务利用率、就业及文化体育服务利用率具有明显的年龄差异（见表 3–14）。

表 3–14　2015 年北京市残疾青少年社会服务利用的年龄差异

服务种类	调整后的年龄 OR 值			p 值
	OR 值	下限	上限	
康复	1.014	0.992	1.037	0.224
教育	1.004	0.983	1.024	0.735
辅助器具	1.034	1.018	1.050	0.000
养护照料	0.864	0.848	0.880	0.000
就业	0.693	0.675	0.710	0.000
文化体育	0.957	0.939	0.975	0.000
家庭无障碍改造	0.969	0.948	0.990	0.004
法律	0.987	0.955	1.019	0.409

（三）城乡差异

社会服务利用情况存在着普遍的城乡差异。除了农村残疾青少年的识字率与城市残疾青少年没有明显差异以外，残疾青少年社会服务利用情况存在着普遍的城乡差异，即在考虑了年龄、户籍、主体功能区、残疾类别和残疾程度的影响之后，除识字率外，其他七类社会服务利用情况的城乡差异明显，城镇残疾青少年的康复、辅助器具利用率及文化体育服务利用率明显高于农村残疾青少年；城镇残疾青少年的养护照料、就业、家庭无障碍改造和法律服务利用率明显低于农村残疾青少年（见表 3–15）。

表 3-15　2015 年北京市残疾青少年社会服务利用的城乡差异

服务种类	农村	城镇	调整后的乡 - 城 OR 值			p 值
			OR 值	下限	上限	
康复	81.9	89.9	0.740	0.642	0.853	0.000
教育	73.4	77.4	1.069	0.928	1.232	0.353
辅助器具	40.1	49.0	0.740	0.665	0.823	0.000
养护照料	49.3	42.3	1.780	1.686	1.888	0.000
就业	29.3	24.6	1.463	1.276	1.678	0.000
文化体育	19.2	23.3	0.846	0.741	0.966	0.014
家庭无障碍改造	18.6	14.3	1.754	1.499	2.052	0.000
法律	6.4	5.6	1.789	1.639	1.975	0.028

（四）主体功能区差异

首都功能核心区内不同社会服务的利用率迥异，城市发展新区内服务利用情况亦不平衡。首都功能核心区的残疾青少年社会服务利用率之间的差异最大，其次是城市发展新区。首都功能核心区的残疾青少年的康复、教育、辅助器具、家庭无障碍改造服务利用率最高；就业、养护照料与法律服务利用率最低。而城市发展新区的残疾青少年的康复、教育以及文化体育服务利用率最低，养护照料和法律服务利用率最高。在进一步考虑了性别、年龄、户籍、残疾类别和残疾程度的影响之后，除就业外，残疾青少年在其他各类社会服务的利用率上有明显的区划差异。也就是说，残疾青少年所在主体功能区不同，各类服务的利用率明显不同（见表 3-16）。

从整体来看，北京市的 16 个区对八类社会服务的利用率绝大多数是从康复、教育、养护照料、辅助器具、就业、文化体育、家庭无障碍改造到法律依次降低。从不同社会服务来看，顺义区和怀柔区康复服务的利用率分别为 40.4% 和 54.3%，明显低于其他区康复服务的利用率；昌平区的识字率（44.6%）明显低于其他各区；各区的辅助器具服务利用率高低不一，差异较大；昌平区和密云区的养护照料服务利用率分别为 75.1% 和 61.8%，明显高于其他各区；各区的就业服务利用率基本差异较小，大兴区（38.5%）和延庆区（37.0%）稍高；平谷区的文化体育服务利用率（50.3%）要明显高于其他区；家庭无障碍改造服务利用率区划差异较小；昌平区的法律服务利用率（31.8%）最高。

表 3–16　2015 年北京市残疾青少年社会服务利用的主体功能区差异分布

（单位：%）

服务种类	首都功能核心区		城市功能拓展区				城市发展新区					生态涵养发展区				
	东城	西城	朝阳	海淀	丰台	石景山	通州	顺义	大兴	昌平	房山	门头沟	平谷	怀柔	密云	延庆
康复	95.8	98.6	93.0	91.0	87.5	93.3	91.5	40.4	92.6	89.3	78.2	91.7	96.4	54.3	98.9	90.5
教育	82.4	83.9	80.2	83.9	75.2	77.8	73.3	75.6	73.2	44.6	74.4	78.8	85.5	79.1	71.9	81.3
辅助器具	79.6	45.7	47.3	55.8	36.0	24.0	57.1	21.8	25.1	75.0	25.7	41.0	79.8	23.9	29.4	35.0
养护照料	33.5	33.9	36.2	33.7	39.4	45.8	50.9	44.4	50.9	75.1	47.2	44.1	46.1	44.2	61.8	35.0
就业	21.1	23.5	23.3	26.2	25.5	26.1	17.3	19.7	38.5	23.5	31.6	17.3	28.3	31.7	31.3	37.0
文化体育	14.3	27.8	26.8	28.5	18.4	24.1	12.1	12.8	15.8	32.5	16.2	15.8	50.3	6.2	11.9	20.1
家庭无障碍改造	23.7	20.3	14.5	13.0	10.9	8.9	13.8	17.5	15.1	15.2	14.3	10.9	19.9	13.9	27.5	15.2
法律	2.8	3.0	1.4	8.8	4.5	4.0	3.4	1.8	2.4	31.8	4.4	5.6	13.1	2.7	6.2	4.6

除就业服务外，四大主体功能区在其他各类社会服务的利用率上都有显著的差异。具体来说，首都功能核心区在康复、教育、辅助器具和家庭无障碍改造服务的利用率上都要高于其他三大功能区，是整体残疾青少年社会服务利用率最高的功能区，但是首都功能核心区养护照料和法律服务的利用率是最低的；与首都功能核心区相反，城市发展新区在养护照料和法律服务的利用率上要显著高于其他功能区（见表 3–17）。

表 3-17 2015 年北京市残疾青少年社会服务利用的主体功能区差异

（单位：%）

服务种类	首都功能核心区（1）	城市功能拓展区（2）	城市发展新区（3）	生态涵养发展区（4）	组间比较
康复	97.4	91.0	79.0	88.2	（1）>（2）>（4）>（3）
教育	83.3	79.9	67.6	79.7	（1）>（2）>（3）；（1）>（4）>（3）
辅助器具	60.1	45.1	41.2	45.4	（1）>（4）>（2）>（3）
养护照料	33.7	37.0	54.3	46.9	（3）>（4）>（2）>（1）
就业	22.5	25.0	26.9	29.6	NS
文化体育	22.0	25.0	17.0	23.8	（2）>（1）>（3）；（4）>（1）>（3）
家庭无障碍改造	21.8	12.6	15.1	18.4	（1）>（4）>（3）>（2）
法律	2.9	4.8	7.2	7.2	（3）=（4）>（2）>（1）

注：NS 表示组间无差异。

（五）残疾类别差异

多重残疾青少年对康复服务的利用率（90.4%）显著高于听力残疾、言语残疾和肢体残疾的青少年；多重残疾青少年的识字率（53.9%）显著低于其他六类残疾青少年；多重残疾青少年对辅助器具的使用率（63.5%）与视力残疾的青少年没有显著差异，但要显著高于其他五类；就养护照料服务来说，相比于视力残疾、听力残疾、言语残疾和肢体残疾的青少年，多重残疾青少年明显需要更多的养护照料，但是多重残疾的青少年对养护照料服务的利用率（56.2%）显著低于智力残疾和精神残疾的青少年，可见智力残疾和精神残疾需要的照养是最多的；多重残疾的青少年的就业服务利用率（18.8%）高于精神残疾的青少年，但明显低于视力残疾和言语残疾的青少年；多重残疾的青少年的文化体育服务利用率（22.5%）高于肢体残疾和精神残疾的青少年；听力残疾的青少年近年来接受过家庭无障碍改造的比例（29.9%）最高，其次是多重残疾的青少年，多重残疾的青少年对家庭无障碍改造服务的利用率显著高于其他五类残疾青少年；多重残疾的青少年对法律服务的利用率与其他六类残疾青少年都没有显著差异。

由数据可见，听力残疾和多重残疾青少年各项服务利用率较高，而言语残疾和精神残疾青少年各项服务利用率较低。除法律服务外，残疾青少年社会服务利用的残疾类别差异明显，尤其在养护照料服务上，听力残疾与精神残疾青少年的利用率差距接近 60%。

具体结合社会服务种类来看，康复服务中，多重残疾青少年利用率最高，言语残疾青少年利用率最低；识字率中，听力残疾最高，多重残疾最低；辅助器具中，多重残疾最高，精神残疾最低；养护照料中，精神残疾最高，听力残疾最低；就业率中，言语残疾最高，精神残疾最低；文化体育中，视力残疾参与率最高，言语残疾最低；家庭无障碍改造中，听力残疾最高，精神残疾最低；法律服务中，肢体残疾最高，言语残疾最低（见表 3–18）。

表 3–18　2015 年北京市残疾青少年社会服务利用的残疾类别差异

（单位：%）

服务种类	视力残疾（1）	听力残疾（2）	言语残疾（3）	肢体残疾（4）	智力残疾（5）	精神残疾（6）	多重残疾（7）	组间比较 *
康复	87.1	84.5	67.9	84.6	88.0	90.1	90.4	（7）>（2）；（7）>（3）；（7）>（4）
教育	96.2	99.1	92.9	90.9	62.6	87.7	53.9	（7）显著低于其他各类
辅助器具	53.8	53.5	31.0	38.2	47.8	23.8	63.5	除（1）外，（7）与其他类有显著差异
养护照料	21.7	6.5	13.1	25.1	61.9	65.3	56.2	（7）与其他各类有显著差异
就业	31.6	30.7	42.4	30.2	25.4	16.0	18.8	（2）>（7）；（3）>（7）；（7）>（6）
文化体育	23.6	21.2	17.6	19.5	23.5	18.3	22.5	（7）>（4）；（7）>（6）
家庭无障碍改造	13.0	29.9	13.5	24.6	7.9	5.6	27.8	（7）与其他各类有显著差异
法律	5.7	5.8	4.1	6.5	5.7	6.0	5.1	NS

注：* 仅以多重残疾为参照类进行了分组差异性检验。NS 表示组间无差异。

（六）残疾程度差异

极重度残疾青少年和轻度残疾青少年几乎囊括了服务利用率的两个极

端，除康复和法律服务外，残疾青少年社会服务利用的残疾程度差异也尤其显著。具体结合社会服务种类来看，教育、就业、文化体育服务利用率上，轻度残疾青少年最高，极重度最低；辅助器具服务方面，极重度最高，轻度最低；养护照料服务方面，重度最高，轻度最低；接受家庭无障碍改造方面，极重度最高，中度最低。进一步考虑了性别、年龄、户籍、主体功能区和残疾类别之后，残疾青少年残疾程度不同，其社会服务利用率明显有差别。

从残疾程度来比较社会服务利用的差异，在八项社会服务中，除轻度残疾青少年的识字率（97.0%）最高外，极重度、重度和中度残疾的青少年对康复服务的利用率都是最高的，分别为85.4%、88.3%、88.2%；四类不同残疾程度的青少年对法律服务的利用率都是最低的。四类不同残疾程度的青少年的识字率和养护照料服务利用差异较大，轻度残疾的青少年有更高的识字率和更低的养护照料服务利用率。控制了性别、年龄、户籍、主体功能区和残疾类别之后，不同残疾程度对除康复和法律服务外的其他六项社会服务的利用率均有显著影响（见表3–19）。

表3–19　2015年北京市残疾青少年社会服务利用的残疾程度差异

服务种类	极重度	重度	中度	轻度	调整后的残疾程度OR值			p值
					OR值	下限	上限	
康复	85.4	88.3	88.2	84.7	1.046	0.980	1.116	0.178
教育	55.8	64.4	85.1	97.0	0.312	0.290	0.337	0.000
辅助器具	55.1	51.8	42.3	33.4	1.398	1.335	1.464	0.000
养护照料	60.7	63.3	42.3	8.9	2.856	2.685	3.038	0.000
就业	16.9	20.2	28.4	39.5	0.617	0.582	0.655	0.000
文化体育	15.7	21.4	23.6	24.7	0.839	0.794	0.886	0.000
家庭无障碍改造	24.6	19.0	10.7	12.4	1.491	1.400	1.588	0.000
法律	5.3	5.9	5.9	6.3	0.955	0.869	1.049	0.336

注：在分析每项社会服务的残疾程度上的具体差异时，残疾程度由轻至重作为有序多分类变量直接纳入了二元logistic模型，因而表格中第6列表示：在调整了性别、年龄、户籍、主体功能区和残疾类别的影响之后，残疾程度每加重一级则该项服务利用率所提高的倍数。

第四章　民众视角下残疾人是否申办残疾人证的社会成因研究

第一节　残疾人证问题与残疾人社会服务的关系

残疾人证是认定残疾人及其残疾类别、残疾等级的合法凭证，[1]在残疾人日常生活中提供了许多优惠福利。[2]但数据显示，我国残疾人持残疾人证的比例不足40%。[3]如宁波市残疾人仅有43.7%办理了残疾人证；山东省持证残疾人仅占三成；苏州市残疾人持证率不足25%。[4]以北京市为例，基于2006年第二次全国残疾人抽样调查[5]及2015年全国残疾人基本服务状况和需求专项调查来看，以人群的抽样调查计算北京市残疾人口各年龄组百分比，并根据专项调查计算北京市持残疾人证的残疾人口各年龄组百分比，两组相对数的分布迥异（见图4-1）。由于上述两组数据都包括了部分未办证的残疾儿童，因而理论上而言，如果残疾人各年龄组持证比例相同，那么北京市持证残疾人的年龄分布与北京市残疾人的年龄分布应该一致。假设残疾人皆持证，则两组相对数的分布应完全吻合。但图4-1显示25岁以下和65岁及

---

[1] 中国残疾人联合会，国家卫生和计划生育委员会．中华人民共和国残疾人证管理办法［EB/OL］．［2017-06-26］.http://www.cdpf.org.cn/zcwj/zxwj/201706/t20170626_597853.shtml.

[2] 石开铭．对残疾人不办残疾人证现象的分析［J］．经济研究导刊，2014（14）：100-101.

[3] 江苏民进网．关于加强残疾人事业发展的建议［EB/OL］．［2016-04-01］.http://www.jsmj.org.cn/czyz/jyxc/201604/t2752656.shtml.

[4] 京华网.70余万残疾人未办残疾人证［EB/OL］．［2009-07-24］．http://epaper.jinghua.cn/html/2009-07/24/content_445464.htm.

[5] 刘民，栾承，沈励．2006年北京市残疾人抽样调查流行病学特征分析［J］．中国康复医学杂志，2009，24（6）：550-552.

以上年龄组中，残疾人的百分比分别高于残疾人持证百分比，可初步判断北京市 25 岁以下和 65 岁及以上的残疾人中有相当比例的残疾人尚未申领残疾人证。因此，开展残疾人证问题的研究，探明阻碍残疾人申领残疾人证的因素，对促进残疾人社会服务的可及性具有重要的现实意义。

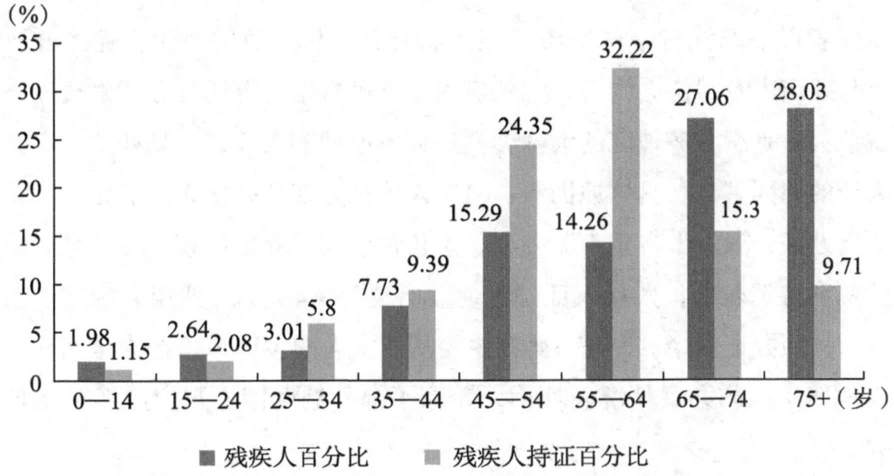

图 4–1　北京市残疾人百分比和残疾人持证百分比对比

以往的研究多关注残疾人面临的某方面的具体问题，如康复问题[1]、教育问题[2]与就业问题[3]等。在以往关注残疾人证问题的少量研究中，有一项重要研究提示了残疾人证的存在逻辑与动力机制。通过对江苏苏州北部某乡镇社区的实地考察，该研究描述了残疾人证“挂靠”现象的三个方面的行为逻辑——企业未按比例雇用残疾人时，为规避缴纳残疾人就业保障金而用证不用人的虚假雇用；社区居委会受考核指标压力，为完成就业任务而主动安排残疾人在福利企业“挂名”；残疾人由于遭受就业排斥，为保障和改善基本生活而将个人的残疾人证交由企业应付审查，从而从企业获得微薄收入和

---

[1] 武国丽 . 残疾人康复保障问题研究——基于河南省部分地区的调研［D］. 郑州：郑州大学，2014.

[2] 谢九英 . 残疾人教育公平问题探究［D］. 长沙：湖南师范大学，2007.

[3] 廖娟 . 残疾人就业政策效果评估——来自 CHIP 数据的经验证据［J］. 人口与经济，2015（2）：68–77.

社会保险。这一现象以社区居委会为中介、残疾人在企业挂靠残疾人证为主要特点，其行为逻辑的实质是在残疾人遭遇就业排斥时社区居委会与企业利益共需的表征与结果。[1]该项研究提示残疾人证可能存在市场功利主义取向，从实践层面揭示了残疾人的办证或不办证的现实理由。

另一项关于残疾人证问题的研究有针对性地分析了残疾人不办证的原因。作者以黑龙江省哈尔滨市残疾人联合会工作人员的身份，通过开座谈会、与残疾人专门协会沟通、到残疾人家庭进行走访等调查方式发现以下两个现象：一是所服务地区的大部分残疾人不办残疾人证，二是残疾人不办残疾人证的原因多样。具体原因有：（1）该地区大部分残疾人为老年人，认为没必要办证；（2）因自卑不愿办证，家长怕残疾子女被歧视；（3）办证后享受的福利待遇较低，残疾人证“含金量不足”；（4）部分残疾人家庭生活条件好，认为办证多余。[2]这一研究主要从残疾人的主体视角较为全面地总结了当地残疾人的办证情况及原因，兼顾了福利制度因素与家庭经济条件的影响。

有研究表明，知识不足或态度问题都可能会导致歧视行为，[3]对弱势群体避而远之。[4]歧视常以或隐蔽或公开的方式呈现，在弱势群体的自我层面、其所处的间接性和延伸性系统如家庭和社区与社会层面，以及更宏观的机制体制层面都有所表现。[5]以上三个层面的歧视现象混杂交织，印证了歧视或直接或隐蔽或结构性的本质属性。[6]值得强调的是，不论是被感知到的还是

---

❶ 夏长宝，张江月．残疾人证就业：企业、社区居委会、残疾人间的行为逻辑分析——以 × 社区为例［J］．残疾人研究，2015（4）：30-36.

❷ 石开铭．对残疾人不办残疾人证现象的分析［J］．经济研究导刊，2014（14）：100-101.

❸ JACOBY A，GORRY J，GAMBLE C，et al. Public knowledge，private grief: A study of public attitudes to epilepsy in the United Kingdom and implications for stigma［J］. Epilepsia，2004，45（11）：1405-1415.

❹ LINK B G，PHELAN J C. Stigma and its public health implications［J］. The Lancet，2006，367（9509）：528-529.

❺ MUHLBAUER S. Experience of stigma by families with mentally ill members［J］. Journal of the American Psychiatric Nurses Association，2002，8（3）：76.

❻ LINK B G，PHELAN J C. Stigma and its public health implications［J］. The Lancet，2006，367（9509）：528-529.

明面上的歧视，都对健康状况极为不利。[1]换言之，关注歧视即为关注健康和福祉。在社会中处于相对弱势地位的残疾人，可能遭遇具有上述本质特征和三个层面的表现形式的歧视。以歧视研究为切入点关注残疾人证问题，对于促进残疾人健康、增加残疾人福祉有重大意义。

综上所述，从社会视角以歧视为切入点对残疾人证问题开展实证研究至关重要。首先，残疾人证问题本质上属于社会问题，因而有必要通过社会科学的研究方法呈现其社会成因或社会反应。其次，从残疾人所处的间接性和延伸性系统如家庭、社区与社会层面来研究残疾人证问题，可体现社会视角的应有之意。其中民众观点是残疾人所处的社区乃至社会系统的重要元素，需要关注其对残疾人间接性和延伸性的影响。因而本研究关注民众视角并了解普通民众对残疾人及残疾人证的看法，间接认证残疾人办残疾人证的社会成因，以期为促进残疾人社会服务可及性提供社会范畴内的实证研究支持；研究发现将可能从社会歧视的角度阐释残疾人是否办残疾人证问题的社会成因，不仅有现实意义，还具有一定的理论价值。

第二节　访谈资料基本情况

本研究共访谈了 26 名 19—65 岁的普通民众，其中 12 名为在校研究生；14 名从业人员分别从属 11 种常见的职业领域。26 位受访者中，12 位认识或接触过残疾人，14 位不曾认识残疾人；12 位认为残疾人应该办理残疾人证，1 位陈述可以理解不申办残疾人证，其余 13 位受访者对残疾人是否应该办理残疾人证的态度不确定，其中有 4 位受访者认为办证与否是残疾人的个人自由，9 位谈了持证与否的不同情况。受访者基本情况如表 4-1 所示。

---

[1] JACOBY A，SNAPE D，BAKER G A. Epilepsy and social identity: the stigma of a chronic neurological disorder［J］. Lancet Neurology，2005，4（3）：171-178.

表 4-1 受访者基本情况

个案		性别	年龄	专业／职业（工作单位）	是否认识残疾人（关系）	对残疾人证的了解程度	残疾人是否应该办理残疾人证
在校研究生	1	女	23	社会工作	是（邻居）	了解	应该
	2	男	24	社会工作	否	一般	应该
	3	男	25	社会工作	否	不了解	应该
	4	男	24	社会工作	是（亲戚）	一般	不确定
	5	男	24	社会工作	是（同学）	一般	不确定
	6	女	24	社会工作	是（同学）	不了解	不确定
	7	女	24	社会学	否	不了解	不确定
	8	女	25	社会学	否	一般	不确定
	9	女	24	社会学	否	一般	不确定
	10	女	24	法学	否	不了解	不确定
	11	女	24	社会学	否	不了解	不确定
	12	男	24	社会学	否	不了解	可理解不持证
从业者	13	女	40	居委会	是*	了解	应该
	14	女	25	村委会	是*	了解	应该
	15	男	45	村委会	是*	了解	应该
	16	女	40	村委会	否	了解	应该
	17	男	55	镇民政局	是*	了解	应该
	18	男	40	国家机关	否	了解	应该
	19	女	46	农民	是（邻居）	了解	应该
	20	男	65	退伍军人	是（战友）	了解	应该
	21	男	19	保安	否	不了解	应该
	22	女	33	农民	否	了解	不确定
	23	男	28	特教老师	是（学生）	一般	不确定
	24	男	45	出租车司机	否	不了解	不确定
	25	男	40	建筑工人	是（村民）	不了解	不确定
	26	女	28	商场售货员	是（堂弟）	不了解	不确定

注：* 表示残疾人为其工作辖区内居民。

整体而言，受访者观点表明残疾人是否办证具有一定的人群特征，年龄、残疾类别和残疾等级、残疾人心理健康状况、家庭经济条件、社会网络、显性及隐性的地理条件等，均以某种模式或路径影响着残疾人证办证率。

第三节 残疾人证申办的“封闭－开放”和“被动－自觉”模式

一、年龄模式：“封闭－开放”和“被动－自觉”模式

接近一半的受访者认为残疾人的年龄对其是否申办残疾人证有重要影响。从受访者来看，一部分受访者认为总体上青壮年残疾人相对老年残疾人而言申办率高。他们认为，残疾青年相对而言更重视申办残疾人证。残疾青年因思想观念开放，出于就业、社会支持、福利补贴方面的考虑，更易于接受办理残疾人证“以便享受他们应有的福利”。另一部分受访者则认为，残疾儿童和青少年由于心理尚未成熟，处于敏感期，本人或其家人担心受到来自他人的歧视，容易受残疾人证负面标签的影响，因而相对更不愿意办理残疾人证。“一个小孩儿的话，家里面大人也是不愿意带去领残疾证的，主要也是顾及面子问题。”（个案24：男，45岁，出租车司机，对残疾人证不了解）这与前述北京市残疾人年龄分布与持证残疾人年龄分布迥异的数据规律相符，即北京市儿童、青少年组持有残疾人证比例低于该年龄段的残疾人比例，而青壮年年龄组持证比例高于本年龄段的残疾人比例。受访者认为老年残疾人办证率相对更低。他们认为，老年残疾人大都常年在家或卧病在床，行动困难，残疾人证也没有相应的老年残疾人福利待遇，由此受访者认为，在这类老年残疾人看来，没有必要办理残疾人证。受访者还指出，有的老年残疾人思想固化，受制于较为封闭的传统思想而意识不到残疾人证的本质作用，从而不申办残疾人证。受访者还注意到，有的老年残疾人因已享受单位福利和退休金待遇，加上持有老年证也能享受免费逛公园和纪念馆、免费乘车等待遇，因此认为这也是部分老年残疾人不考虑办理残疾人证的原因。这与前述哈尔滨地区大部分老年残疾人认为办证没必要的理由相一致。

总之，在受访者看来，年龄对申办残疾人证的影响有两大主要模式：一是“封闭－开放”模式，封闭的环境或思想导致残疾人对残疾人证理解甚少从而不太可能去申办，开放的理念使残疾人倾向于接纳残疾人证及其福利；

二是“被动 – 自觉”模式，相对于被动地主要由家庭成员决定是否申办残疾人证的残疾儿童和青少年而言，通常来看成年人如老年人更能自主决定是否申办残疾人证。以往研究表明，我国成年残疾人的心理健康得分随年龄略有下降。[1]本次研究的民众观点指出，残疾青年因思想观念开放，更认可残疾人证及其福利。由此可以认为，本次研究揭示的申办残疾人证的“封闭 – 开放”年龄模式与前述成年残疾人心理健康的年龄模式吻合。此外，以北京市肢体残疾人职业人格特征为例，以往研究表明随着年龄的增长，肢体残疾成年人的情绪稳定性和抗挫折能力逐步增强。[2]该人格特征的年龄模式也在一定程度上解释了本次研究中关于申办残疾人证的“被动 – 自觉”年龄模式。

二、残疾因素的影响及其与家庭因素的混杂

大部分受访者认为，残疾类别与残疾程度对残疾人是否申办残疾人证有重要影响，不同的残疾类别与残疾程度的影响不一致。但总的来说，从受访者的观点可以看出，他们认为相比于残疾类别而言，残疾人证的申办更受制于残疾程度的影响。

具体地，受访者认为，一方面，当残疾人有从事社会生活、开展社会生产的能力和愿望时，如残疾类别为肢体残疾且残疾程度较轻时，可能因残疾人考虑到持有残疾人证对自身不利或其他原因而选择不申办残疾人证。“如果一个残疾人的残疾不是太明显，也不想让别人知道，自然就不愿意办理残疾人证。同时，他有可能比较自立，认为自己的问题可以自己解决，残疾人享受的补贴可以用来帮助其他更有需要的残疾人家庭。”（个案 4：男，24 岁，社会工作专业研究生，有亲戚是残疾人，对残疾人证有基本的了解）“我身边有的残疾朋友即使不用办证，缺胳膊断腿盲人的，也可以直接进地铁、上公共汽车。”（个案 20：男，65 岁，退伍军人，战友中有残疾人，了解残疾人证）

---

[1] 闫洪丰，胡毅，黄峥，等．成年残疾人心理健康现状评估与分析［J］．残疾人研究，2013（4）：5–10.

[2] 吴清平，龙建，刘全．肢体残疾成年人人格特征的配对研究［J］．中国心理卫生杂志，1997（5）：309–310.

另一方面，受访者指出，当残疾人开展社会生产或参与社会生活有困难，甚至无法形成健全的自我认知时，如重度及以上残疾或残疾类别为智力残疾或精神残疾且残疾程度较重时，残疾人证的申办则不仅是个人行为，更多的是家庭的决定，常常是“残疾人自己的吃喝拉撒都不知道，办不办证就看家里人怎么认为”。（个案 13：女，40 岁，居委会工作，辖区内有残疾人，了解残疾人证）

可见受访者关于残疾程度对残疾人证申办影响的判断比较一致，都意识到了办证模式与残疾人的行为能力有关。对于具有一定社会行为能力的残疾人而言，是否申办残疾人证主要由残疾人本人决定；对于行为能力较弱的残疾人而言，是否申办残疾人证是残疾人家庭的决定。换言之，残疾因素具有一定的独立影响性并常常与家庭因素混杂，其中残疾程度的影响更大。残疾因素对残疾人社会行为能力的影响程度决定了残疾人申办残疾人证的自主性程度，从社会层面拓展了年龄的“封闭 – 开放”和“被动 – 自觉”模式。这也验证了北京市残疾人残疾类别及程度的分布与持证残疾人残疾类别及程度的分布不一致的现象，可见残疾类别和残疾程度对残疾人办证的影响。如以往一项调查表明，北京市各残疾类别分布为视力残疾 6.7%、听力残疾 22.7%、言语残疾 0.6%、肢体残疾 35.5%、智力残疾 5.0%、精神残疾 7.1%、多重残疾 22.3%，[1] 而持证比例分别为 10.8%、7.1%、0.6%、56.2%、11.1%、10.3%、3.8%。多重残疾、听力残疾办证率相对低，而肢体残疾人持证比例较高，智力残疾、视力残疾和精神残疾持证比例也高于相应的残疾比例。该调查还报告了北京市残疾人残疾程度由重到轻的比例分别为：极重度残疾 15.9%、重度残疾 10.5%、中度残疾 28.1% 和轻度残疾 45.5%，[2] 而持证比例分别为 11.4%、22.7%、26.6% 和 39.2%。综合分析，重度残疾人办证率相对高，而残疾程度较轻者办证率相对更低。

---

❶ 刘民，栾承，沈励 . 2006 年北京市残疾人抽样调查流行病学特征分析［J］. 中国康复医学杂志，2009，24（6）：550–552.

❷ 刘民，栾承，沈励 . 2006 年北京市残疾人抽样调查流行病学特征分析［J］. 中国康复医学杂志，2009，24（6）：550–552.

第四节 自卑心理与排斥性的社交环境和标签化的社会舆论之互染

（一）办证与否与个人和家长的心理因素有关

受访者一致认为残疾人是否办证与残疾人及其家属“害怕被嘲笑”“担心残疾人证的负面性印记”等心理因素相关。前述哈尔滨的研究也提到，各区办理残疾人证的工作人员反映，有些残疾人因为自卑而不愿办理残疾人证，怕办证以后会受到社会关注，怕遭到歧视和排挤。

一些人不愿去办理残疾人证，首先是心理感受，一些人完全不能够接受自己残疾这个事实，所以更加不会去申领残疾人证，用这个证件来时刻提醒自己，揭自己的伤口；还有一些人觉得自己残疾这件事很难以启齿，是自己心里的痛，虽然知道残疾人证的一些优惠政策，但是出于自尊心，也没有去申领残疾人证。（个案 10：女，24 岁，法学研究生，对残疾人证不了解）

每个人都有自尊心，残疾儿童的自尊心更是强于正常人（非残疾人）。他们不想因为自身及家庭原因申请补助而让别人觉得他们得到特殊对待，或者让他们得到不同于正常人（非残疾人）的待遇。（个案 12：男，24 岁，社会学研究生，对残疾人证不了解，认为不持证是可以理解的）

受访者还观察到了一些残疾儿童和残疾青少年的家长的心理：办了残疾人证就等于给孩子刻上残疾的印记，不希望自己的孩子背着残疾人这个印记过一辈子。以往类似研究中也指出，很多父母存在这样的顾虑，家长自身不能正确对待残疾孩子，怕办证让孩子幼小的心灵受到打击。[1] 本次研究中受访者进一步指出，生活中持有上述想法的家长还有很多，“他们的理解是残疾人证会带来负面化的标签”。有的家长还认为公开子女的残疾人身份对家长自身的“面子”有影响。

---

[1] 石开铭 . 对残疾人不办残疾人证现象的分析［J］. 经济研究导刊，2014（14）：100-101.

（二）排斥性的社交环境和标签化的社会舆论降低残疾人证办证率

有受访者观察到了残疾人自卑心理的社会根源，指出自卑实际上源于外在社会环境所形成的压力，包括可能存在的制度操作过程中的歧视和社会传递出的负面评价。前者如有受访者提到："也可能是一些具体制度在实践过程中损害了残疾人的自尊心，使得他们对残疾人证避而远之。"（个案 18：男，40 岁，国家机关工作人员，了解残疾人证）后者常常是"'唾沫星子淹死人'，被说成是'困难户、是吃不上饭的人'等一些不好的标签，会引来别人的白眼甚至嘲笑。所以，比起承受这些外界的压力，这些特殊家庭宁愿不去申请补助，自己尽最大的努力去生活。"（个案 12：男，24 岁，社会学研究生，对残疾人证不了解，认为不持证是可以理解的）

可以说，正如受访者意识到的那样，残疾人的心理健康及办证与否是社会环境的反映，排斥性的社会环境和标签化的社会政策与舆论无疑将通过控制残疾人的负面心理，进而体现为较低的残疾人社会福利的可及性。进一步来看，外在社会环境所形成的压力，包括社会环境中流传的负面评价，影响了残疾人的心理健康，进而与残疾人证的申办也有直接关系。如访谈对象指出了残疾人证对残疾的明文标示强化了残疾人对自身残疾的无奈接纳，残疾人及其家庭对残疾人证有消极认识，残疾人所处的社区文化环境对残疾人贴有负面标签。这些均与以往的有关研究相印证。以往文献表明，残疾儿童在进入青春期时不免有受到同龄人冷落和排斥的经历，常导致残疾青少年社交困难，情绪压抑，缺乏自信，缺少朋友。[1] 这种排斥影响了残疾儿童和青少年的心理健康，进而对申办残疾人证有消极认识。曾有研究表明残疾人及其家庭对残疾人证的消极认识造成残疾人不愿意持证。[2] 有关媒体也报道了残疾人证受冷遇的原因为"不愿被歧视所以不想办理残疾人证"。[3]

---

❶ 阿默曼 . 残疾青少年的心理障碍及其治疗［J］. 田万生，译 . 青年探索，1999（3）：26–29.

❷ 冯寿林，戴华强，朱为崎 . 解析社会隐性歧视残疾人问题［J］. 井冈山学院学报，2009（3）：124–128.

❸ 梁利杰 . 残疾人证为什么受冷遇［N］. 大众日报，2011–08–06.

这种状况究其根源在于社会客体心理困境和残疾人主体心理困境。正如本次研究中的受访者所言，在社会客体心理方面，社会对残疾人存有偏见与歧视，包括认为与残疾人来往有失身份并干涉其他人与残疾人来往；认为残疾即残废，否定残疾人的社会贡献。在残疾人主体心理方面，由于前述社会客观心理障碍，残疾人往往具有异于非残疾人的心理，如自卑、猜疑、自傲、偏激等。这些心理导致残疾人不易和他人沟通，从而封闭自身。[1]而非残疾人对待残疾人的态度，往往是残疾人康复的最大障碍。[2]这样的两种心理困境直接影响了残疾人是否办理残疾人证，导致残疾人在自我层面和家庭及社区社会层面遭遇不同形式的歧视。可见，残疾人是否办证是其社交环境的反映，排斥性的社交环境和标签化的社会舆论常常导致残疾人的负面心理，进而降低残疾人证办证率。

第五节　家庭条件定位了残疾人证的感知价值

受访者还观察到，对于一部分家庭条件好的残疾人，由于其从小生活条件优越，在开放的环境中成长，因而心理健康状况较好，同时社会对其接纳程度较高；在日常行为上，他们常常活跃在与非残疾人的社会交往之中。因而受访者进一步认为，虽然政府和社会对残疾人的关注程度越来越高，关心和支持残疾人的社会氛围越来越浓，但在这类富有家庭的残疾人及其家属看来，申领残疾人证意味着社会交往层次的下降，是对自身生存和发展能力的否定，从而少有申办残疾人证的考虑。与此相反，对家庭经济情况较差的残疾人及其家庭而言，残疾人证附带的福利对维持残疾人及其家庭的基本生活的作用非常大。

我们村的那个残疾人是领了残疾人证的，她们家情况不怎么好，平时生活主要是靠低保救济，领了残疾人证还会有一些补贴，对于家庭经济压力

---

[1] 周文林 . 中国残疾人状况分析［J］. 社会学研究，1993（5）：75-78.

[2] 联合国 . 关于残疾人的世界行动纲领（联合国大会第三十七届会议 1982 年 12 月 3 日第 37/52 号决议通过）[EB/OL] . https://www.un.org/zh/documents/treaty/files/A-RES-37-52.shtml.

的减轻有一定的作用。（个案 25：男，40 岁，建筑工人，有同村的人是残疾人，对残疾人证不了解）

我住的村中有一户家庭共有六口人，包括奶奶、父亲、母亲以及姐妹三人。老大和老二均为脑瘫，属智力残疾，二人全部办理了残疾人证。由于智力残疾，老大和老二日常生活受到极大影响，无法正常劳动，平日在家中做一些力所能及的小事还行（例如剥豆子）。老大和老二的残疾不仅使家庭经济负担变重，同时让老三和父母心理上承受着极大压力（担心老三也会在日后患病）。该家庭属于低保户，较为贫困，主要原因一方面是务农收入较少，另一方面是老大和老二医疗费用开支较大，并且父母仍希望继续为老大和老二治疗。虽然办理了残疾人证后生活没有明显的改善，但少量的补贴对他们家而言已经很重要了，因此他们在得知办理残疾人证会有一定的补贴后，就积极办理了残疾人证。（个案 19：女，46 岁，农民，有一位邻居是残疾人，了解残疾人证）

由此可知，社会民众观点中的残疾人证是残疾人及其家庭满足不同层次需求的双刃剑。对于困难家庭残疾人而言，残疾人证是满足其基本生活需求的保障，常常是“得知办理残疾人证会有一定的补贴后，就积极办理了残疾人证”。而对某些富裕家庭残疾人而言，残疾人证是其突破社会交往层次、实现个人发展的障碍。这与以往关于家庭条件好的残疾人因怕影响自身形象和家庭声誉而不愿办理残疾人证的研究相印证。[1]

第六节　社会网络与残疾人证的复杂关系

受访者揭示，在农村熟人社会常常有一种见怪不怪的现象：低保家庭中的残疾人因认为“残疾人补贴没有低保金高，申请残疾人证还不如申请低保”而没有办理残疾人证；家庭经济条件尚可的非低保家庭中的残疾人因认为“残疾补贴本身也没有多少钱，对改善生活没有大用”，也没有办理残疾人证；某些不符合办理残疾人证的人因“在相关部门有关系”（与相关部门的

[1] 石开铭 . 对残疾人不办残疾人证现象的分析［J］. 经济研究导刊，2014（14）：100–101.

工作人员有社会交情或亲属关系）却得以办理了残疾人证。

从受访者反映的情况来看，残疾人社会福利资源从最需要的人群流向了不符合条件的人群，扭曲了残疾人证的社会福利和社会支持的本意。实际上残疾人补贴和低保金互不冲突，是可以叠加的社会福利。而认识到残疾人证与低保的这一关系，仅需要有关工作人员向残疾人提供相关信息服务。相比利用“关系”为不符合条件的人办理残疾人证的工作复杂性，在日常工作中做好信息服务更为简单。形成对比反差的关键在于残疾人是否拥有相关的社会网络。

第七节　交通、通信条件与残疾人福利可及性

一、交通阻隔导致主客观上的不利状况

结合对环境的评估，受访者指出，偏远地区的残疾人办证不方便。偏远地区办理残疾人证客观上存在信息阻塞、交通不便的障碍。同时，这一不利的地区因素因残疾人行动不便而导致其主观上也意识不到残疾人证的实质与功能，形成办理残疾人证很麻烦或没有必要办理的认识。有研究对此也进行了分析：部分农村或偏远地区信息阻塞，加之残疾人因行动不便而少有出门，从而意识不到残疾人证的作用，便认为办证太麻烦从而没有必要办证。[1]本次研究就此进一步总结为：偏远地区主要由于交通不便而形成的福利可及性差的主客观因素，导致了残疾人证办证率比较低。

“我了解到一些农村的残疾人，因为出行不便而没有机会去正规医院检查证明，所以没办残疾人证。而这种情况我想在市区一定很少存在。”（个案23：男，28岁，特教老师，有学生是残疾人，对残疾人证有基本的了解）

“我觉得那样的特殊家庭（残疾人家庭）不持证的原因可能是因为信息的闭塞。一些贫困家庭住在山区或者是比较偏远的地方，邻里之间、村干部与村民之间的联系没有那么密切，这样的残疾人家庭可能不知道国家有一些

[1] 石开铭．对残疾人不办残疾人证现象的分析［J］．经济研究导刊，2014（14）：100-101.

关于残疾人方面的补助，不知道这方面的政策具体该如何申请，因而导致残疾人对残疾人证是一种无所谓的态度。”（个案5：男，24岁，社会工作研究生，有同学是残疾人，对残疾人证有基本的了解）

二、信息不对称导致事实上的悖论

本次研究从不同职业受访者的陈述中还发现了一个悖论。一方面，正如前所述，对农村的情况比较了解的受访者指出，农村中常见符合条件但没有办理残疾人证的残疾人，其缘由在于因政策宣传水平低下而没有听说过相关的政策。通常的情况是，受制于有限的知识水平，农村大部分群众对村里张贴的残疾人福利宣传告示不甚了解，久而久之对政策与有关信息漠不关心。另一方面，据在村委会担任有关职务的受访者及在政府有关部门工作的受访者表示，相关政策的宣传与告知工作已经到位，残疾人办证率低的现象在残疾人群体中不存在。

我堂弟不领残疾人证的原因，主要是不了解这方面的政策，我们跟他关系挺亲近的，也都没有看他去申请过，主要还是不了解，同时不知道办理了残疾人证有什么好处。还有他爸爸妈妈也不是很重视，所以在小时候也没有想过要去申请残疾人证这个事情。残疾人证是要评等级的，他这种不算重度残疾，所以没什么用。然后由于程序原因，一些人并不知道要怎么去走这个程序，虽然知道可以领残疾人证，但是由于不懂程序就没有能够申领残疾人证。程序烦琐，让申领的人不知所措，办一个残疾人证下来十分费劲。经过这件事之后，口口相传就导致以后的人也不愿意去办残疾人证的情况。（个案26：女，28岁，商场售货员，堂弟是残疾人，对残疾人证不了解）

三、显性和隐性可及性障碍

可以说，正如受访者观察的那样，残疾人的思想意识极大地受制于外在的客观条件和环境。残疾人相对而言更难突破如区域经济发展条件、服务网络等客观条件的限制。本次研究重点关注了地理因素，发现由地理因素导致的种种不利条件，如交通阻隔或信息不对称等与残疾人证办证率低的情况有较大的关联性。目前关于福利可及性的研究主要集中于弱势群体，包括残疾人[1]如智障人士[2]等，但未重点从地理因素对残疾人福利可及性进行剖析。本次研究发现，在残疾人服务水平比较低的地区诸如部分农村，存在着残疾人福利与残疾人在空间区位上和信息上的严重脱节，残疾人家庭不能便捷获取有关福利，不能及时了解相关的信息，遭遇了空间上显性的和信息上隐性的福利可及性障碍。这一发现与对全国老年人跟踪调查的研究结果类似，比如农村老年人去医院的距离较城镇老年人远，因此呈现出由于“路途远”而不去就医的比重较高。[3]

第八节　小结与展望

本章研究采用小型民族志的研究方法，通过对26名普通民众的访谈，研究民众视角下（lay perspective）残疾人是否申办残疾人证的社会成因。经过基于民众观点的文献讨论进而认为：（1）年龄和残疾因素通过影响残疾人健康状况进而影响了残疾人办证率，形成“封闭－开放”和“被动－自觉”的申领模式。健康状况越差，残疾人越可能对残疾人证形成封闭负面的认识，被动地由家庭决定是否申领残疾人证。（2）排斥性的社交环境和标签化的社会舆论常常导致残疾人的负面心理，导致残疾人在自我、家庭、社区与社会层面遭遇不同形式的歧视，进而降低残疾人办证率。（3）对不同家庭背景的残疾人而言，其感知的残疾人证的社会价值不同，社会经济地位高的家庭中的残疾人常认为残疾人证限制了其社会交往层次，而家庭经济困难的残疾人则看中残疾人证对基本生活需求的保障。（4）地理因素上，显性的不利条件如交通阻隔或隐性的不利条件如信息不对称对残疾人办证率低有较大的解释力。（5）本次研究还注意到残疾人福利场在农村的扭曲现象，今后可进

---

[1] 万国威.我国残疾人福利可及性的实证研究［J］.人口学刊，2014（6）：89-102.

[2] 冯桦.智障人士社区福利服务的可及性研究——以上海市S区为例［D］.上海：华东理工大学，2013.

[3] 李建新，夏翠翠.我国城乡老年人口医疗服务可及性差异研究——基于2011年中国老年健康影响因素跟踪调查数据［J］.中国卫生政策研究，2014，7（9）：39-44.

一步对残疾人福利资源流向以及信息不匹配等残疾人福利场扭曲的表现与根源进行探讨。

综上所述，本章对残疾人证问题进行了基于民众观点的研究，揭示了残疾人是否办证不仅与残疾人对残疾人证的认知及需求相关，还与社会歧视和残疾人福利可及性有关。另外，残疾人是否办证的社会成因研究需要主客体视角的共同关注，而本次研究是这一努力之开端。今后可在研究内容上关注残疾人证机制体制层面，继而系统研究民众观点中残疾人自我层面、社会层面与更宏观的机制体制层面的歧视的表现与成因。进一步而言，今后可研究残疾人自身对其办证与否的态度与社会成因，以弥补残疾人申办残疾人证的社会成因的主体视角研究之空白。总之，本次研究探讨了残疾人是否办证的民众理解，指出残疾人证不仅关乎残疾人的个人问题，还反映着社会文化，是与社会心理、社会政策息息相关的社会关切，提示实践中须把握残疾人对残疾人证的需求层次，消除与残疾人证有关的社会歧视，从而提高残疾人办证率，进而促进残疾人享受残疾人福利和推动我国残疾人事业的发展。因此，了解阻碍残疾人申领残疾人证的因素对促进残疾人社会服务的可及性具有重要的现实意义。

第五章 残疾青少年社会服务可及性理论解读及其结论

第一节 残疾青少年服务利用之人群差异的理论解释

一、可及性理论模型

前文对北京市残疾青少年社会服务利用情况的分析，可以从安德森服务可及性理论模型和德罗斯服务可及性操作模型获得一定的解释。具体来看，一般认为宏观环境（包括社会、经济、文化和自然环境）、服务体系（包括服务的供应方式、等待时间、宣教能力和财政支持）、服务本身（包括服务类型与质量、是否符合变化的需求、是否安全便捷）以及个体因素［包括个体基因与遗传因素、个人知识信念行为（KAP）因素、支付能力、社会网络以及对服务提供者的信任］影响着服务利用与可及性。

本书数据表明的几项人群利用率差异分别印证了安德森服务可及性理论模型和德罗斯服务可及性操作性模型的几个方面：（1）农村残疾青少年与城市残疾青少年的服务利用率普遍不同（城乡差异），反映了理论模型中的宏观环境的影响；（2）首都功能核心区各类服务的利用率迥异，其他功能区的内部差异相对较小（区划差异）体现了服务体系的影响；（3）康复服务利用率最高，法律服务利用率最低（总体服务利用率差异）反映了服务自身因素的影响；（4）在识字率和文化体育服务利用率上女性高于男性，就业服务利用率女性低于男性（性别差异）；听力残疾和多重残疾青少年各项服务的利用率较高，而言语残疾和精神残疾青少年各项服务的利用率较低（残疾类别差异）；残疾程度不同，社会服务利用率不同（残疾程度差异），这些差异则主要印证了个体自身因素的影响（图 5-1）。

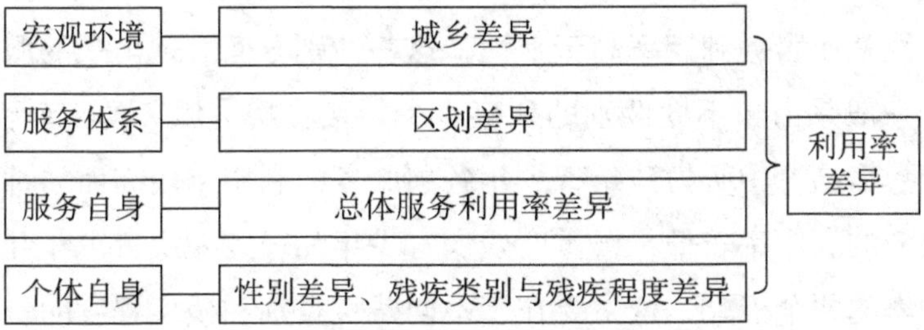

图 5-1　北京市残疾青少年社会服务可及性理论框架与数据结论

以服务自身因素和个体自身因素为例，残疾青少年社会服务利用率与服务内容的主体 - 客体规定性有关，与个体因素的主动 - 被动行动力有关，两个方面互为促进，相互强化。

二、将残疾青少年视为主体则服务利用率高

将残疾青少年视为主体则服务利用率高，反之亦然。服务因素中，服务内容将服务对象视为主体还是客体，深刻影响着残疾青少年的服务利用。作为残疾人中的更脆弱人群，服务内容将残疾青少年视为主体则意味着高利用率，视为客体则意味着低利用率。以残疾青少年接受康复服务为例，康复服务中强调互动性、体验性与持续性，因而康复服务在八项常见服务中的利用率（86.9%）最高。再以法律服务为例，法律服务具有程序性、临时性和不确定性，这一定程度上解释了法律服务利用率（5.9%）低的原因。这一特性可以归纳为残疾青少年社会服务的“主体 - 高”与“客体 - 低”模式。

三、残疾青少年个体主动能力强则服务利用率高

残疾青少年个体主动能力强则服务利用率高，反之亦然。个体因素上，残疾青少年行动能力和社会活动能力较强，则更可能主动利用社会服务，从而服务利用率较高；反之，残疾青少年行动能力或社会活动能力较弱，则更不可能主动利用社会服务，从而意味着较低的服务利用率。以前文基于 2015

年全国残疾人基本服务状况和需求专项调查北京市数据分析的性别差异为例，考虑了其他因素的影响之后，女性识字率和文化体育服务利用率高于男性，而男性就业服务利用率高于女性，这些性别方面表现出来的服务利用率的差异，一般是由于不同性别的残疾青少年接受特定服务的主动性有差别。再比如，数据结论中听力残疾青少年各项服务的利用率较高而精神残疾青少年各项服务的利用率较低，极重度残疾青少年和轻度残疾青少年几乎囊括了服务利用率的两个极端，这主要在于不同残疾类别和残疾程度的青少年的个体行动能力和社会活动能力不同，因而各项社会服务的利用率不同。这一特征可归纳为残疾青少年的“主动－高”与“被动－低”模式。

四、残疾青少年的个体主动性强和社会服务主体特性明显则服务利用率高

上述服务自身因素上的“主体－高”“客体－低”模式与个体自身因素的“主动－高”“被动－低”行动力模式相互强化。换言之，理论上而言，当残疾青少年能发挥个体主动性时，如果社会服务具有主体特性，将大大提升服务利用率；若残疾青少年发挥不了个体主动性，再加上社会服务的主体特性不强，则服务利用率相对较低。

第二节　结论与建议

一、结论

北京作为中国首善之区，其残疾人事业紧扣首都功能定位和建设国际一流和谐宜居之都目标，逐步创建了残疾人社会服务北京模式。残疾青少年处在从儿童向成年人过渡的人生阶段，接受社会公共服务是其参与社会生活的主要方式，也是减缓慢性病蔓延和降低疾病负担的有效手段；同时，残疾青少年兼具残疾人和青少年的特征，是弱势人群中的更脆弱者。当他们从熟悉的家庭逐步走向陌生的社会，这一重大的人生转变会带来巨大冲击。因此，

为残疾青少年提供精准社会公共服务，不但能提高其生活质量，还能发挥促进社会稳定的特殊功能。

针对关于残疾青少年人群的系统性关注不够的研究现状，本书以2015年全国残疾人基本服务状况和需求专项调查北京市数据与实地研究资料为主要数据来源，对北京市残疾青少年社会服务可及性现状和行为模式进行了全面深入的分析。结果表明，残疾青少年是残疾人中的更脆弱者，具有“封闭－开放”和“被动－自觉”的服务利用行为模式。由此本书参照安德森可及性理论模型和德罗斯可及性操作模型提出，残疾青少年社会服务利用模式为基于社会服务内容的主体－客体规定性和残疾青少年的主动－被动性的互动影响模式。研究成果丰富了促进残疾青少年发展的知识体系，具有一定的理论价值和现实意义。

二、建议

（一）实施订单定向社工免费培养，增强残疾青少年社会服务黏性

基于社会服务内容的主体－客体规定性和残疾青少年的主动－被动性的互动影响模式，通过增强残疾青少年主动性并提高服务内容的主体性，即增强残疾青少年社会服务黏性，可以有效促进社会服务利用；而在残疾青少年与社会服务之间设置社会工作者，可增强服务内容的主体性，调动残疾青少年的主动性，增强残疾青少年社会服务黏性。

这一建议参照了我国“定向村医”的成功实践。继2007年我国在教育部直属六所师范大学实行师范生免费教育政策后，2010年国家发展改革委等五部委开始启动实施农村订单定向医学生免费培养项目，俗称“定向村医”。目前在总规模上已实现为中西部每个乡镇卫生院培养一名免费本科医学生的目标。这对促进残疾人社会服务利用并攻克我国现阶段社会工作者难于在城乡基层就业、就业后在城乡基层水土不服的顽症，提供了重大的战略参考。

因此依据建设社会工作专业人才队伍之“面向群众、服务基层、突出重点、统筹推进”等原则，可试点实施以城乡基层为重点、为残疾人及其他特定人群服务为重点的社会工作者免费培养项目，促进专业社会工作者与乡镇（街道）结合，增强服务黏性，提高服务利用率。

（二）开展残疾人服务利用状况之生命历程研究，提高残疾人社会服务精准性

前文数据及研究结果表明，残疾青少年是残疾人中的更脆弱者，残疾青少年年龄不同则各项服务利用率不同；残疾青少年服务利用状况及影响因素兼具普遍性与特殊性。那么，残疾人不同人生阶段具备怎样的整体特征？这些分人群特征如何与其服务利用的行为特征相勾连？回答这些问题是提高社会服务精准性的必要理论前提。但现有文献与政策实践均未对残疾青少年乃至残疾人服务利用的不同年龄阶段特征和服务利用特征予以足够的重视。因而今后须关注残疾人不同人生阶段的分人群特征如何与其服务利用的行为特征相勾连，并开展残疾人社会服务利用状况之生命历程研究，从而为提高残疾人社会服务的精准性提供理论基础。

三、总结

总之，本研究基于2015年全国残疾人基本服务状况和需求专项调查北京市数据，指出残疾青少年是残疾人中的更脆弱人群。这一人群特性与其服务利用的独特模式相对应，即基于社会服务内容的主体－客体规定性和残疾青少年的主动－被动性的互动影响模式。在残疾青少年与社会服务之间设置社会工作者，可增强服务内容的主体性，调动残疾青少年的主动性，从而增强残疾青少年社会服务黏性。此外，今后需加强对残疾人不同人生阶段的特征研究，为服务精准性提供基于生命历程研究的理论基础。

第三节 研究的不足

在本研究的社会服务利用相关因素的规定下，使用与不使用康复、教育、辅助器具、养护照料、就业、文化体育、家庭无障碍改造和法律各项社会服务的残疾青少年，各自都有较好的聚集性，尤其是辅助器具和养护照料服务的使用者与未使用者的特征区分较明显。但是在社会服务利用相关因素的规定下，康复、教育、就业、文化体育、家庭无障碍改造和法律各项社会服务的使用者难以与未使用者相区分。具体表现在，未使用康复、教育和就业服务的残疾青少年几乎完全“潜伏”在使用者中；类似地，文化体育、家庭无障碍改造和法律服务的使用者几乎完全“潜伏”在未使用者中。这说明研究中的残疾青少年社会服务利用相关因素的特异性较低。若仅从这些因素来考察那些不具备这些相关因素特征的残疾青少年，那么他们使用或未使用某项社会服务具有较大的偶然性。

以上所述特性在观测值相似性考察中也有所体现。比如以九个属性来规定3374名有就业意愿的非在校残疾青少年的相似性表明，就业人群与未就业人群各自有很好的聚集性。但在九个属性规定下，就业人群难以与未就业人群相区分，未就业人群基本“潜伏”在就业人群中（见图5-2）。

总而言之，本次研究中的就业状况相关因素模型的准确率较高，但特异性较低。提示模型中变量的纳入不够充分，须在今后研究中加以完善。

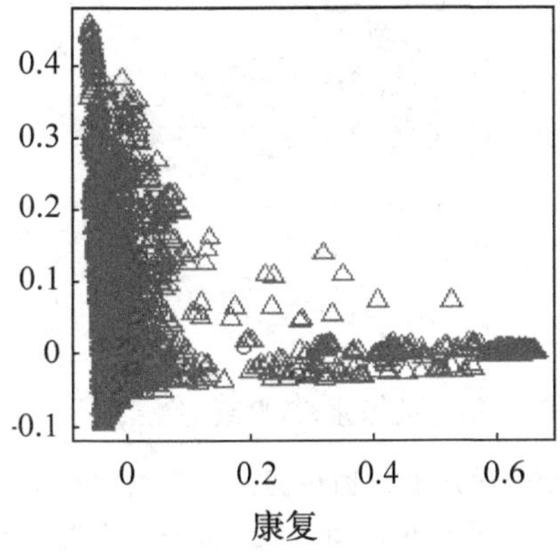

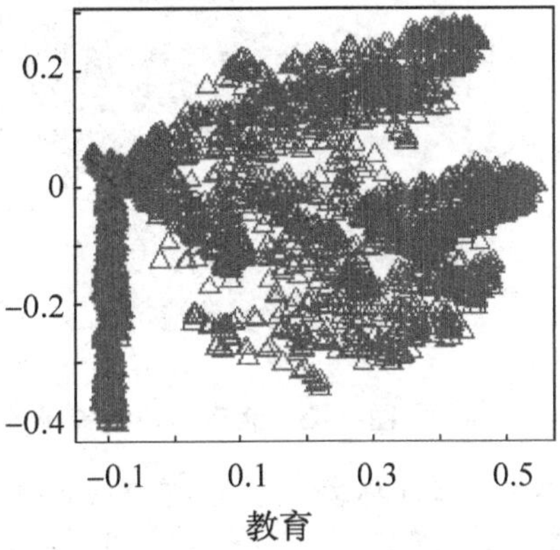

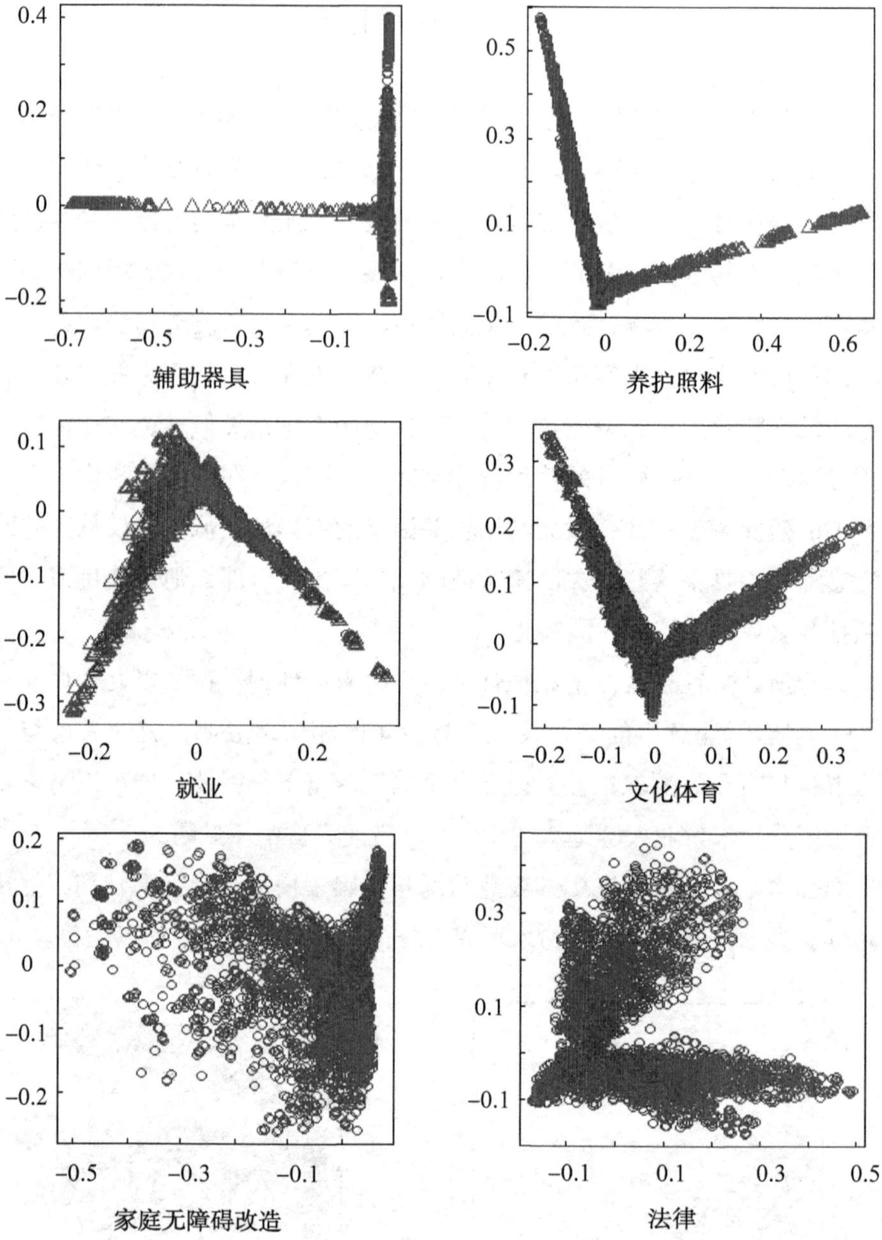

图 5-2　北京市残疾青少年社会服务利用相关因素模型相似性

注：图中纵坐标为相似维度Ⅰ，横坐标为相似维度Ⅱ；图中圆圈表示未使用该项社会服务的观测值，三角形表示使用了该项社会服务的观测值。图形越聚集表明在解释变量规定下观测值越相似。

第二部分：
北京市残疾青少年社会服务利用分报告

第六章　北京市残疾青少年康复服务利用与影响因素研究

第一节　引言

残疾人康复服务权作为残疾人的一项基本权利，对提高残疾人的社会参与能力，改善残疾人的生活质量，减轻残疾人家庭以及社会负担具有重要意义。2017 年我国颁布实施了《残疾预防和残疾人康复条例》，指出要为残疾人提供综合性的康复服务。[1] 由此可见促进基本康复服务可及性是当下残疾人工作的重要任务。[2] 以往的研究多关注残疾人整体上的康复服务需求及其影响因素。曾有研究表明目前我国仅有 1.14% 的残疾人申明不需要康复服务。[3] 而残疾人康复服务需求的影响因素众多，包括残疾人的个体特征（如对康复服务的认知、改善自身残疾的态度[4]、受教育程度[5]、残疾类别和程度[6]）、经济

[1] 国务院 . 残疾预防和残疾人康复条例：中华人民共和国国务院令（第 675 号）[EB/OL] . [2017-04-01] .http://www.cdpf.org.cn/ywzz/kf_211/kfzc/201704/t20170401_587776.shtml.

[2] 姚志贤 . 残疾人“人人享有康复服务”现状分析与发展思考［ J ］. 残疾人研究，2014（ 2 ）: 20-24.

[3] 王珏，等 . 中国残疾人康复需求分析与发展研究［ M ］. 北京：华夏出版社，2008：204. 转引自：姚志贤 . 残疾人“人人享有康复服务”现状分析与发展思考［ J ］. 残疾人研究，2014（ 2 ）：20-24.

[4] 林诚，罗鸿波，陈小红，等 . 福州市台江区残疾人康复需求及影响因素的分析［ J ］. 福建医科大学学报 · 社会科学版，2009（ 1 ）：38-41.

[5] 罗遐，卜普 . 农村残疾人接受康复治疗行为的影响因素研究［ J ］. 安徽大学学报 · 哲学社会科学版，2013（ 4 ）：128-134.

[6] 陈巧丽 . 老年残疾人口康复服务利用状况研究——基于 2006 年和 2012 年广东省残疾人监测数据分析［ J ］. 管理观察，2016（ 20 ）：87-91.

特征（如残疾人经济状况[1]、家庭经济状况[2]）以及社会环境特征（如康复服务的价格[3]、康复服务的地点、社会医疗保障水平[4]）等。从研究内容来看，这些研究为残疾人康复工作的进一步开展提供了参考，但对康复服务利用状况关注较少，对康复服务利用状况的分人群研究不足。

2015年全国残疾人基本服务状况和需求专项调查北京市数据表明，北京市康复服务实现普及化，同时服务利用呈现一定的年龄特征。[5]15—24岁青少年是一个独特的社会群体，而残疾青少年又是残疾人中的一个重要子群体，探明残疾青少年的康复服务利用现状及影响因素，对促进残疾人的康复事业具有重要意义。本研究将基于上述专项普查的北京市数据重点考察残疾青少年的康复服务利用状况，并对康复服务利用促进因素和影响模式进行甄别，旨在为残疾人康复政策细分和相关理论完善提供参考。

第二节　概念界定与方法

康复服务包括康复医疗、功能训练和其他康复服务：（1）康复医疗指由医疗机构、医生进行的专业康复治疗，即通过医疗的方法和手段帮助病伤残者实现全面康复的目标，包括药物、手术、物理等一切治疗方法，以改善躯体功能和提高生活质量为目的；（2）功能训练指为恢复、维持或提高残疾人躯体功能或在家庭及社会生活中所能发挥的能力而进行的训练，不同类别的残疾人适用于不同的功能训练项目，包括运动功能训练、视功能训练、认知与感知能力训练、生活自理能力训练或社会适应能力训练等；（3）其他康复

[1] 李宁，陈功，崔斌，等．我国残疾人康复需求及康复服务利用情况分析［J］．残疾人研究，2011（4）：31-34.

[2] 陈巧丽．老年残疾人口康复服务利用状况研究——基于2006年和2012年广东省残疾人监测数据分析［J］．管理观察，2016（20）：87-91.

[3] 李宁，陈功，崔斌，等．我国残疾人康复需求及康复服务利用情况分析［J］．残疾人研究，2011（4）：31-34.

[4] 林诚，罗鸿波，陈小红，等．福州市台江区残疾人康复需求及影响因素的分析［J］．福建医科大学学报·社会科学版，2009（1）：38-41.

[5] 陈功，张旭．北京市残疾人基本服务状况及需求分析［J］．残疾人研究，2016（2）：73-79.

服务指除上述之外的康复服务，如康复知识培训、家庭康复指导、心理健康服务等。从 2015 年全国残疾人基本服务状况和需求专项调查北京市数据来看，北京市 15—24 岁残疾青少年所接受的康复服务以其他康复服务为主。

本研究在残疾青少年康复服务利用状况中考察了不同性别、年龄、户口性质、识字状况、家庭人均收入、婚姻状况、所在区划、残疾类别和残疾程度（合称为残疾因素）的残疾青少年康复服务利用率及人群特征，并对康复服务利用的促进因素进行模式探讨。研究中所指的利用率为利用康复服务的人在相应特征人口总数中所占的比例。因本次调研是对所有持证残疾人的全面调查，所以未能关注残疾人对康复服务的认知[❶]、康复服务的价格[❷]等因素对残疾人或残疾青少年康复服务利用状况的影响。这是本研究在数据资料方面的不足。

本研究先通过频数分析对北京市残疾青少年康复服务利用状况进行描述，然后采用列联分析对残疾青少年康复服务利用率与相关因素之间的相关性进行检验。接下来甄别影响康复服务利用的主要因素及其影响模式，所采用的是分类数据分析方法随机森林。与残疾青少年有关的主要因素通过分类误判率和变量重要性因子分值进行甄选，主要因素对康复服务利用的影响模式的分析方法为，将研究中的其他变量边缘化后，拟合该主要因素与康复服务利用率之间的部分依赖关系，并以部分依赖图加以演示。随机森林在变量相对较多的情况下仍能就某因素对使用康复服务可能性的边际效应进行分析，这正是本研究主要关注的。在探明影响模式之后，研究最后依据依赖图进一步采用二元 logistic 回归考察上述主要因素的具体影响程度。随机森林使用统计分析软件 R3.5.1，频数分析、列联分析和 logistic 回归使用统计软件 SPSS24.0。

❶ 林诚，罗鸿波，陈小红，等．福州市台江区残疾人康复需求及影响因素的分析［J］．福建医科大学学报・社会科学版，2009（1）：38–41.

❷ 李宁，陈功，崔斌，等．我国残疾人康复需求及康复服务利用情况分析［J］．残疾人研究，2011（4）：31–34.

第三节 康复服务利用率及其与人群特征的相关性

如前所述，普查的8963名北京市15—24岁持残疾人证的残疾青少年（以下简称残疾青少年）中，男性多于女性，城市人口多于农村人口，区域分布不均衡，智力残疾占比最大，半数为重度和极重度残疾。具体来看，男性占58.4%，女性占41.6%；不同年龄的残疾青少年在残疾青少年总人数中的占比随年龄的增长而渐增，23—24岁的增幅尤其明显；城市残疾青少年占62.7%，几乎是农村残疾青少年的2倍。从区划分布来看，朝阳区、海淀区和房山区的残疾青少年分别占北京市残疾青少年总数的10.3%、9.3%、8.7%，较明显地高于其他区划；石景山区和门头沟区分别占2.5%和3.2%，较明显地低于其他区划。从残疾类别来看，智力残疾青少年占比最大，达到43.4%；其次是肢体残疾青少年，为26.5%；言语残疾青少年占比最小，为0.9%；其余几类残疾青少年占比较为均衡，集中在5.6%—9.1%。从残疾程度来看，重度和极重度残疾青少年分别占30.1%和18.8%，中度和轻度分别占29.7%和21.3%（见表6-1）。

2015年全国残疾人基本服务状况和需求专项调查北京市数据进一步表明，得到过康复医疗、功能训练和其他康复服务的残疾青少年比例分别为16.8%、8.9%和71.1%，整体上康复服务利用率为86.9%。在康复服务利用率的人群差异上，残疾青少年的康复服务利用率在性别、年龄、识字状况和就业状况上差异不显著，在婚姻状况（$p<0.05$）和户口性质、家庭人均收入、区划、残疾类别与残疾程度（$p<0.001$）上差异显著，尤其在区划上，子人群的最大差异超过50%。具体来看，非农业户口、家庭收入低于低保线、未婚或未到法定结婚年龄、重度或中度残疾等特征的残疾青少年的康复服务利用率高于对应特征的残疾青少年；居住地在东城区、西城区、平谷区、密云区的残疾青少年康复服务利用率超过95%，显著高于其他各区；精神残疾或多重残疾青少年康复服务利用率超过90%，高于其他类型的残疾青少年（见表6-1）。

表 6–1　2015 年北京市残疾青少年及其康复服务利用的社会人口学特征（n=8963）

变量		普查人数（人）	百分比（%）	康复服务			
				使用人数（人）	百分比（%）	未使用人数（人）	百分比（%）
性别	男	5235	58.4	4556	87.0	679	13.0
	女	3728	41.6	3235	86.8	493	13.2
年龄（岁）	15	590	6.6	518	87.8	72	12.2
	16	628	7.0	546	86.9	82	13.1
	17	719	8.0	634	88.2	85	11.8
	18	823	9.2	715	86.9	108	13.1
	19	858	9.6	755	88.0	103	12.0
	20	878	9.8	748	85.2	130	14.8
	21	889	9.9	776	87.3	113	12.7
	22	1022	11.4	886	86.7	136	13.3
	23	1068	11.9	925	86.6	143	13.4
	24	1488	16.6	1288	86.6	200	13.4
户口性质***	农业	3341	37.3	2735	81.9	606	18.1
	非农业	5622	62.7	5056	89.9	566	10.1
识字状况	识字	6806	75.9	5895	86.6	911	13.4
	不识字	2157	24.1	1896	87.9	261	12.1
就业状况（m=962）	就业	2114	26.4	1833	86.7	281	13.3
	未就业	5887	73.6	5107	86.8	780	13.2
家庭人均收入（m=423）***	低于低保标准	1132	13.3	1024	90.5	108	9.5
	低于低收入标准	254	3.0	217	85.4	37	14.6
	其他	7154	83.8	6173	86.3	981	13.7
婚姻状况*	未婚	2978	33.2	2594	87.1	384	12.9
	已婚有配偶	411	4.6	338	82.2	73	17.8
	离婚	16	0.2	13	81.2	3	18.8
	未到结婚年龄	5558	62.0	4846	87.2	712	12.8

续表

变量		普查人数（人）	百分比（%）	康复服务			
				使用人数（人）	百分比（%）	未使用人数（人）	百分比（%）
区划***	东城区	471	5.3	451	95.8	20	4.2
	西城区	635	7.1	626	98.6	9	1.4
	朝阳区	920	10.3	856	93.0	64	7.0
	海淀区	837	9.3	762	91.0	75	9.0
	丰台区	670	7.5	586	87.5	84	12.5
	石景山区	225	2.5	210	93.3	15	6.7
	通州区	532	5.9	487	91.5	45	8.5
	顺义区	554	6.2	224	40.4	330	59.6
	大兴区	585	6.5	542	92.6	43	7.4
	昌平区	700	7.8	625	89.3	75	10.7
	房山区	781	8.7	611	78.2	170	21.8
	门头沟区	288	3.2	264	91.7	24	8.3
	平谷区	579	6.5	558	96.4	21	3.6
	怀柔区	339	3.8	184	54.3	155	45.7
	密云县	456	5.1	451	98.9	5	1.1
	延庆县	391	4.4	354	90.5	37	9.5
残疾类别***	视力残疾	502	5.6	437	87.1	65	12.9
	听力残疾	678	7.6	573	84.5	105	15.5
	言语残疾	84	0.9	57	67.9	27	32.1
	肢体残疾	2377	26.5	2010	84.6	367	15.4
	智力残疾	3894	43.4	3425	88.0	469	12.0
	精神残疾	608	6.8	548	90.1	60	9.9
	多重残疾	820	9.1	741	90.4	79	9.6
残疾程度（m=3）***	极重度	1682	18.8	1436	85.4	246	14.6
	重度	2701	30.1	2385	88.3	316	11.7
	中度	2665	29.7	2350	88.2	315	11.8
	轻度	1912	21.3	1620	84.7	292	15.3

注：* 表示在 $p<0.05$ 的水平上差异显著；*** 表示在 $p<0.001$ 的水平上差异显著。

第四节　主要因素的影响模式与差异程度

一、区划和年龄对康复服务利用率的影响相对最大

康复服务利用相关因素的相对重要性因子值（随机森林分类模型总体袋外误判率为 11.84%）排序表明，区划在本研究分析的 10 个解释变量中，对残疾青少年康复服务利用的影响最大，年龄、残疾类别和残疾程度次之，然后是就业状况、家庭人均收入、性别、婚姻状况、户口性质和识字状况（见表 6-2）。

表 6-2　2015 年北京市残疾青少年康复服务利用相关因素重要性排序

排序	变量	Gini 指数
1	区划	456.12
2	年龄	192.73
3	残疾类别	128.77
4	残疾程度	106.76
5	就业状况	85.78
6	家庭人均收入	63.00
7	性别	57.94
8	婚姻状况	48.00
9	户口性质	43.69
10	识字状况	42.58

注：Gini 指数是随机森林在分类时度量每棵决策树中关于某变量的分类纯度递减量之和。值越大，说明该变量对观测值分类的准确性把握越大，即该变量对预测结果的影响越大。本研究依据该指标值进行变量重要性判断。

接下来结合列联表相关分析和随机森林重要性因子模型的结果提示，采用随机森林部分依赖函数，分别考察残疾青少年的所在区划和残疾因素对其康复服务利用的影响模式，进一步结合部分依赖图的结果提示，采用二元 logistic 回归模型分析其差异程度。

二、不同区划的残疾青少年康复服务利用的可能性差异显著

调整了性别、年龄、户口性质、识字状况、就业状况、家庭人均收入、婚姻状况、残疾因素的影响之后，不同区划的残疾青少年康复服务利用的可能性差异较大。其中，西城区的残疾青少年康复服务利用的可能性最大，顺义区残疾青少年康复服务利用的可能性最小。按北京市主体功能区来看，整体来说，首都功能核心区（东城、西城）的残疾青少年康复服务利用的可能性最大，生态涵养发展区（门头沟、平谷、怀柔、密云、延庆）和城市功能拓展区（朝阳、海淀、丰台、石景山）的残疾青少年康复服务利用的可能性居中，城市发展新区（通州、顺义、大兴、昌平、房山）的残疾青少年接受康复服务可能性最小（见图 6–1）。

选取西城区和顺义区样本，以残疾青少年康复服务利用率差距最大的两区为例，进一步考察区划之间的差异程度，logistic 回归结果显示，在调整了性别、年龄、户口性质、识字状况、就业状况、家庭人均收入、婚姻状况、残疾因素的影响之后，两区的残疾青少年康复服务利用差异显著，西城区的残疾青少年康复服务利用的可能性是顺义区的 68 倍以上［68.788（31.574，149.863）（$p<0.001$）］。

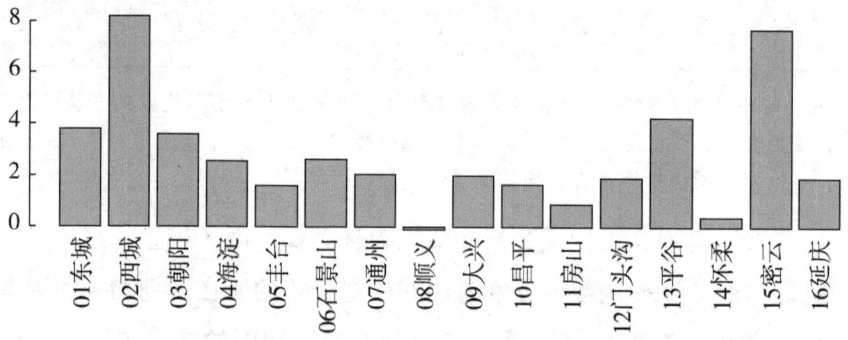

图 6–1　2015 年北京市残疾青少年康复服务利用的区划模式

注：部分依赖图的纵轴为将研究中的其他变量边缘化之后康复服务利用可能性与残疾因素的部分依赖程度。

三、智力残疾青少年使用康复服务的可能性最大

残疾青少年的残疾类别不同，其康复服务利用的可能性差异较大，主要是智力残疾的青少年康复服务利用的可能性最大，明显高于其他类别的残疾青少年，言语残疾青少年康复服务利用的可能性最小［见图 6–2（a）］。从残疾程度来看，残疾青少年康复服务利用可能性由低到高依次为极重度残疾人、轻度残疾人、中度残疾人、重度残疾人［见图 6–2（b）］。

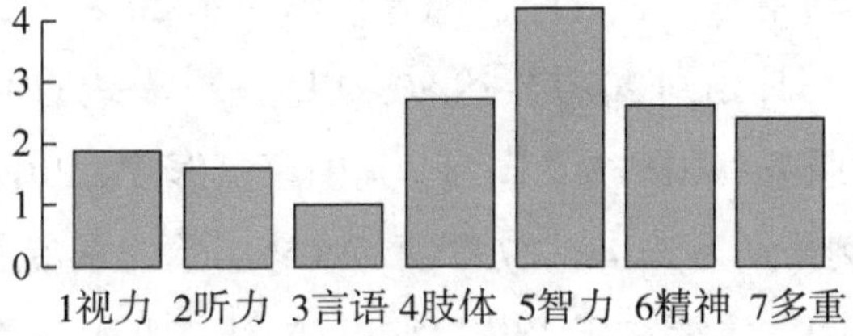

（a）残疾类别

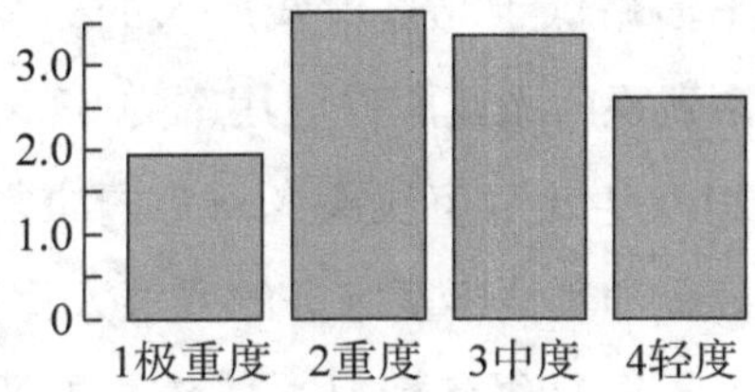

（b）残疾程度

图 6–2　2015 年北京市残疾青少年康复服务利用的残疾因素模式

注：部分依赖图的纵轴为将研究中的其他变量边缘化之后康复服务利用可能性与残疾因素的部分依赖程度。

选取言语残疾青少年和智力残疾青少年样本，试图以残疾青少年康复服务利用率差距最大的两类残疾青少年为例，考察不同残疾类别之间的差异程度，logistic 回归结果显示，在调整了性别、年龄、户口性质、识字状况、就业状况、家庭人均收入、婚姻状况、区划、残疾程度的影响之后，两类残疾青少年康复服务利用率差异显著，智力残疾青少年康复服务利用的可能性是言语残疾青少年的 2 倍以上［2.341（1.155，4.745）(p=0.018）］。

选取极重度和重度残疾人样本，试图以残疾青少年康复服务利用率差距最大的两个等级为例，考察残疾程度之间的差异程度，logistic 回归结果显示，在调整了性别、年龄、户口性质、识字状况、就业状况、家庭人均收入、婚姻状况、区划、残疾类别的影响之后，极重度残疾人与重度残疾人之间的残疾青少年康复服务利用差异不显著（p=0.365）。可见，残疾程度对残疾青少年康复服务利用的影响不显著。

第五节　讨论与小结

本章研究基于2015年全国残疾人基本服务状况和需求专项调查北京市数据对北京市15—24岁持证残疾青少年的康复服务利用状况和影响因素进行了描述与模型探析。研究发现残疾青少年康复服务利用率（86.9%）较高，但具体康复项目之间利用率差距较大（康复医疗16.8%、功能训练8.9%、其他71.1%）。北京市残疾青少年接受康复服务利用的比例，总体上高于全国水平但略低于北京市残疾人的康复利用率。一方面，现有数据显示2013年我国残疾人康复服务利用率为58.3%，计划到2020年达80%以上。[1]另一方面，2015年北京市残疾人一年内康复服务利用率为87.1%，其中康复医疗、功能训练和其他康复服务的残疾人比例分别为21.8%、7.8%和68.5%。[2]北京市残疾人康复服务情况总体较高的原因，主要在于14岁及以下的残疾儿童享受了残疾儿童康复补助全覆盖政策，使得残疾儿童各年龄组的康复服务利用率超过90%，[3]因而拉高了北京市残疾人康复服务总体利用率。由此可认为，我国建立和完善以社区康复为基础、康复机构为骨干、残疾人家庭为依托的残疾人康复服务体系，还应结合残疾青少年社会参与的年龄阶段特性，按照国家有关规定落实工伤保险基金、残疾人就业保障金等用于残疾青少年康复，加强残疾青少年康复保障措施。

从分人群来看，非农业户口、家庭收入低于低保线、未婚或未到法定结婚年龄、重度或中度残疾等特征的残疾青少年的康复服务利用率高于对应特征的残疾青少年；居住地在东城区、西城区、平谷区、密云区的残疾青少年康复服务利用率超过95%，显著高于其他各区；精神残疾或多重残疾者康复服务利用率超过90%，高于其他类型的残疾青少年。进一步的模式探究表明，区划在本研究所分析的10个解释变量中，对残疾青少年康复服务利用的影

---

❶ 中国残疾人联合会．残疾人康复服务“十三五”实施方案［EB/OL］．［2016-10-25］.http://www.cdpf.org.cn/zcwj/zxwj/201610/t20161025_571268.shtml.

❷ 陈功，张旭．北京市残疾人基本服务状况及需求分析［J］．残疾人研究，2016（2）：73-79.

❸ 陈功，张旭．北京市残疾人基本服务状况及需求分析［J］．残疾人研究，2016（2）：73-79.

响最大。

从影响程度来看，首先，康复服务利用状况区划之间差异显著，西城区的残疾青少年康复服务利用的可能性最大，顺义区最小，西城区的残疾青少年康复服务利用的可能性是顺义区的68倍以上［68.788（31.574，149.863）（$p<0.001$）］。这可能在于不同区的经济发展水平、残疾人的收入水平等不同，导致残疾青少年使用康复服务的可能性不同。这与残疾人康复服务研究中揭示的社会医疗保障水平❶和残疾人经济状况❷对残疾人的康复服务利用影响较大的发现相印证。

其次，智力残疾青少年使用康复服务可能性最大，约是言语残疾青少年的2倍以上［2.341（1.155，4.745）（$p=0.018$）］。残疾类别是残疾青少年康复服务利用的主要影响因素，与有关研究提示的残疾类别和残疾程度对老年残疾人康复服务利用影响较大的发现相一致。❸不同残疾类别的残疾青少年康复服务利用率差距较大，可能主要在于不同类别残疾康复可能性以及康复工作效果不同。

值得讨论的是，本次研究中重要性因子模型误判率为11.84%，提示在分析残疾青少年康复服务时应充分纳入有关因素，正如有研究揭示，康复认知状况是残疾人接受康复服务的主要影响因素，❹康复服务的价格等外部社会环境因素是影响残疾人康复服务利用的主要因素之一。❺这反映出残疾青少年康复服务研究可结合个人认识和社会环境等因素进一步考察。

总之，2015年全国残疾人基本服务状况和需求专项调查北京市数据表

---

❶ 林诚，罗鸿波，陈小红，等．福州市台江区残疾人康复需求及影响因素的分析［J］．福建医科大学学报·社会科学版，2009（1）：38–41.

❷ 李宁，陈功，崔斌，等．我国残疾人康复需求及康复服务利用情况分析［J］．残疾人研究，2011（4）：31–34.

❸ 陈巧丽．老年残疾人口康复服务利用状况研究——基于2006年和2012年广东省残疾人监测数据分析［J］．管理观察，2016（20）：87–91.

❹ 林诚，罗鸿波，陈小红，等．福州市台江区残疾人康复需求及影响因素的分析［J］．福建医科大学学报·社会科学版，2009（1）：38–41.

❺ 李宁，陈功，崔斌，等．我国残疾人康复需求及康复服务利用情况分析［J］．残疾人研究，2011（4）：31–34.

明，北京市残疾青少年康复服务利用率相对较高，达 86.9%，高于全国水平但低于北京市整体水平；具体康复项目之间利用率差距较大；婚姻状况、户口性质、家庭人均收入、区划和残疾因素在列联分析中与残疾青少年的康复服务利用率显著相关；控制其他变量之后康复服务利用率与区划和残疾类别关系显著：西城区残疾青少年的康复服务利用率是顺义区的 68 倍以上；智力残疾青少年的康复服务利用率是言语残疾青少年的 2 倍以上。可见社会经济发展水平高、残疾人康复事业发展水平高、残疾康复可能性大和康复工作效果明显，都能显著促进残疾青少年康复服务的使用。

第七章　北京市残疾青少年教育状况及识字率的人群特征分析

第一节　引言

残疾人教育决定了残疾人个人素质与生活质量，事关社会发展与公平正义。[1]中国健康和营养调查 1989—2011 年的跟踪数据表明，我国有 46.72% 的 16—60 岁残疾人从未上学。[2]这与 2006 年我国第二次全国残疾人抽样调查所报告的 15 岁以上残疾人口的文盲率为 43.29% 的数据结果[3]相近，提示我国残疾人教育事业任重道远。近年来，我国残疾人教育事业取得较大发展，各级政府投入明显增加，残疾儿童及残疾青少年义务教育普及程度显著提高，非义务教育阶段特殊教育办学规模不断扩大。[4]但从研究内容来看，以往国内残疾人教育研究以关注义务教育为主，未见重点考察 15 岁以上残疾青少年教育状况的专门研究。这些研究以特殊教育经费投入和师资建设、残疾人入学率和就业率等方面为主，对残疾人教育状况及影响因素的关注较少，造成对残疾人教育状况的系统性认识不足。

残疾青少年是未来人力资本的有机组成部分之一，其教育状况对其生活

---

❶ UNESCO. Global education monitoring report 2017/18: Accountability in education: Meeting our commitments［R］. Paris: UNESCO，2017.

❷ LIAO J. An Empirical Research on Returns to Education of Disabled People during the Process of Modernization［C］.Les Ulis：EDP Sciences，2014：130–147.

❸ 国家统计局，第二次全国残疾人抽样调查领导小组 . 第二次全国残疾人抽样调查主要数据公报［R］. 2007.

❹ 教育部，发展改革委，民政部，等 . 特殊教育提升计划（2014—2016 年）[EB/OL］.［2014–01–08］. http://old.moe.gov.cn/publicfiles/business/htmlfiles/moe/moe_1778/201401/162822.html.

质量和社会和谐稳定有重大影响。[1]《“十三五”加快残疾人小康进程规划纲要》指出，残疾人既是全面小康社会的受益者，也是重要的参与者和建设者。同时，从生命历程的角度而言，考察残疾青少年教育状况尤其是识字率的年龄分布，为检验我国残疾人儿童义务教育成效提供了重要信息。所谓识字率，一般是指15岁以上的识字者占总人口的百分比，其能以较高的反应灵敏度揭示未来人口文化素质，常作为测评社会发展和现代化水平的重要教育指标。[2]

因而本次研究基于2015年全国残疾人基本服务状况和需求专项调查北京市数据，对北京市残疾青少年的教育总体状况进行描述，重点考察识字率的人群特征。本次研究将从一个侧面展示我国残疾青少年教育状况，为残疾人教育福利政策提供研究参考。

第二节　数据与方法

一、样本选择

目标人群为具有北京市户籍且持有《中华人民共和国残疾人证》的15—24岁青少年（简称北京市残疾青少年）。研究从教育状况入手，对上述人群的识字率、受教育程度以及在校生就读学校等情况进行描述，对识字率相关因素进行模式探讨。数据来源为2015年全国残疾人基本服务状况和需求专项调查北京市数据，研究选取其中15—24岁残疾青少年的教育状况及有关数据进行分析。删除缺失值较多的样本后，纳入分析的有8537人。

二、变量纳入与分析

本次研究模型分析中的结果变量为残疾青少年识字率，以二分类变量

---

[1] 孟万金．全社会都要关注残疾儿童教育——论残疾儿童教育公平［J］．中国特殊教育，2006（9）：5-7.

[2] 谈松华，袁本涛．教育现代化衡量指标问题的探讨［J］．清华大学教育研究，2001，22（1）：14-21.

“是否识字（15周岁及以上填报）”来测量。问卷中提示的识字标准为：城镇居民识字2000字以上，农民识字1500字以上，能看懂通俗报刊或写便条。残疾青少年识字率有关因素包括：性别、年龄、户口性质、家庭人均收入、婚姻状况、区划、残疾类别和残疾程度（合称为残疾因素）。如上述数据来源所示，因是对所有持证残疾人的全面调查，普查未能关注以往研究表明的家庭社会经济地位和社会歧视等因素，[1]这是本研究在数据资料方面的不足。

本研究先基于频数分析对北京市残疾青少年教育状况进行描述，然后采用列联分析对残疾青少年识字率与相关因素之间的相关性进行检验。接下来针对识字率与相关因素之间的关系进行模型探索，所采用的是分类数据分析方法随机森林。最后，在探明影响模式之后，依据部分依赖图提示，进一步采用二元 logistic 回归考察上述影响的具体程度。

第三节　教育状况

一、非义务教育阶段多就读于普通教育机构

北京市15—24岁的残疾青少年识字率低，以高中为主，非义务教育阶段倾向于在普通教育机构就读。具体地，识字率为79%，低于15周岁及以上的北京市残疾人识字率（86.2%）。[2]残疾青少年中，受教育程度为高中（含中专）的人数最多，占26.7%；其次是初中，占21%；从未上学的占19.7%；接受过高等教育（含大学专科及以上）的人数占16%。所普查的8537位持证残疾青少年中，共有2248位在校就读，其中1626位就读于普通教育机构，622位就读于特殊教育机构。在小学和初中阶段，残疾青少年就读于特殊教育机构的比例分别为15.4%和25.9%，高于普通教育机构的1.6%和16%；在

---

[1] 陈福侠，张福娟．国外残疾污名研究及对我国特殊教育的启示［J］．中国特殊教育，2010（5）：3-7；MANTEY E E. Discrimination against children with disabilities in mainstream schools in Southern Ghana: Challenges and perspectives from stakeholders［J］. International Journal of Educational Development，2017（54）：18-25.

[2] 陈功，张旭．北京市残疾人基本服务状况及需求分析［J］．残疾人研究，2016（2）：73-79.

非义务教育阶段，在普通教育机构就读的残疾青少年比例则明显提高，高中、大学专科和大学本科阶段及以上，就读于普通教育机构的残疾青少年分别为 47.0%、18.6% 和 16.7%，而在特殊教育机构就读的残疾青少年比例分别只有 41.5%、6.3% 和 10.9%（见表 7–1）。

表 7–1　2015 年北京市残疾青少年受教育状况

<table>
<tr><th colspan="3">变量</th><th>人数（人）</th><th>百分比（%）</th></tr>
<tr><td colspan="2" rowspan="2">识字率（n=8537）</td><td>识字</td><td>6740</td><td>79.0</td></tr>
<tr><td>不识字</td><td>1797</td><td>21.0</td></tr>
<tr><td colspan="2" rowspan="6">受教育程度（n=8537）</td><td>从未上学</td><td>1679</td><td>19.7</td></tr>
<tr><td>小学</td><td>1427</td><td>16.7</td></tr>
<tr><td>初中</td><td>1792</td><td>21.0</td></tr>
<tr><td>高中（含中专）</td><td>2281</td><td>26.7</td></tr>
<tr><td>大学专科</td><td>850</td><td>10.0</td></tr>
<tr><td>大学本科及以上</td><td>508</td><td>6.0</td></tr>
<tr><td rowspan="10">在校学生就读学校</td><td rowspan="5">普通教育机构（n=1626）</td><td>小学</td><td>26</td><td>1.6</td></tr>
<tr><td>初中</td><td>260</td><td>16.0</td></tr>
<tr><td>高中阶段*</td><td>765</td><td>47.0</td></tr>
<tr><td>大学专科</td><td>303</td><td>18.6</td></tr>
<tr><td>大学本科及以上</td><td>272</td><td>16.7</td></tr>
<tr><td rowspan="5">特殊教育机构（n=622）</td><td>小学</td><td>96</td><td>15.4</td></tr>
<tr><td>初中</td><td>161</td><td>25.9</td></tr>
<tr><td>高中阶段*</td><td>258</td><td>41.5</td></tr>
<tr><td>大学专科</td><td>39</td><td>6.3</td></tr>
<tr><td>大学本科及以上</td><td>68</td><td>10.9</td></tr>
</table>

注：* 高中阶段含普通教育和职业教育。

二、识字率与人群特征显著相关

在识字率的人群差异上，除了年龄差异不显著外，残疾青少年的识字率在本研究关注的其他相关因素上差异显著，尤其在残疾类别和残疾程度上，子人群的最大差异超过 30%。女性残疾青少年的识字率（80.7%）略高于男性（77.7%）；不同年龄的残疾青少年识字率差异不大，集中在 76.4%—80.6%；城市残疾青少年的识字率（82.3%）显著高于农村残疾青少年（73.7%）；家庭人均收入水平较高的残疾青少年的识字率（81.1%）要显著高于收入水平低的残疾青少年；从婚姻状况来看，处于已婚有配偶和离婚状态的残疾青少年的识字率显著高于未婚和未到法定结婚年龄的残疾青少年；不同区划的残疾青少年的识字率差异较大，平谷区的残疾青少年识字率（86.0%）最高，密云区（72.1%）最低；智力和多重残疾的青少年的识字率（65.7%，65.3%）显著低于其他类别的残疾青少年，听力残疾青少年的识字率（99.3%）最高；残疾程度越轻，残疾青少年的识字率越高，跨度为97.1%—59.2%（见表7-2）。

表7-2　2015年北京市残疾青少年社会人口学及残疾特征（n=8537）

变量		人数（人）	百分比（%）	识字情况			
				识字人数（人）	百分比（%）	不识字人数（人）	百分比（%）
性别**	男	4983	58.4	3873	77.7	1110	22.3
	女	3554	41.6	2867	80.7	687	19.3
年龄（岁）	15	536	6.3	432	80.6	104	19.4
	16	584	6.8	459	78.6	125	21.4
	17	674	7.9	515	76.4	159	23.6
	18	775	9.1	623	80.4	152	19.6
	19	806	9.4	642	79.7	164	20.3
	20	847	9.9	679	80.2	168	19.8
	21	846	9.9	646	76.4	200	23.6
	22	976	11.4	764	78.3	212	21.7
	23	1031	12.1	807	78.3	224	21.7
	24	1462	17.1	1173	80.2	289	19.8
户口性质***	农业	3318	38.9	2446	73.7	872	26.3
	非农业	5219	61.1	4294	82.3	925	17.7
家庭人均收入***	低于低保标准	1132	13.3	760	67.1	372	32.9
	低于低收入标准	253	3.0	179	70.8	74	29.2
	其他	7152	83.8	5801	81.1	1351	18.9
婚姻状况*	未婚	2885	33.8	2271	78.7	614	21.3
	已婚有配偶	411	4.8	349	84.9	62	15.1
	离婚	15	0.2	13	86.7	2	13.3
	未到法定婚龄	5226	61.2	4107	78.6	1119	21.4
区划***	东城区	468	5.5	387	82.7	81	17.3
	西城区	630	7.4	532	84.4	98	15.6

续表

变量		人数（人）	百分比（%）	识字情况			
				识字人数（人）	百分比（%）	不识字人数（人）	百分比（%）
区划***	朝阳区	903	10.6	735	81.4	168	18.6
	海淀区	820	9.6	696	84.9	124	15.1
	丰台区	662	7.8	502	75.8	160	24.2
	石景山区	224	2.6	175	78.1	49	21.9
	通州区	529	6.2	390	73.7	139	26.3
	顺义区	507	5.9	379	74.8	128	25.2
	大兴区	584	6.8	428	73.3	156	26.7
	昌平区	400	4.7	310	77.5	90	22.5
	房山区	771	9.0	575	74.6	196	25.4
	门头沟区	285	3.3	227	79.6	58	20.4
	平谷区	573	6.7	493	86.0	80	14.0
	怀柔区	338	4.0	267	79.0	71	21.0
	密云县	455	5.3	328	72.1	127	27.9
	延庆县	388	4.5	316	81.4	72	18.6
残疾类别***	视力残疾	491	5.8	474	96.5	17	3.5
	听力残疾	676	7.9	671	99.3	5	0.7
	言语残疾	74	0.9	68	91.9	6	8.1
	肢体残疾	2346	27.5	2141	91.3	205	8.7
	智力残疾	3680	43.1	2419	65.7	1261	34.3
	精神残疾	602	7.1	531	88.2	71	11.8
	多重残疾	668	7.8	436	65.3	232	34.7
残疾程度***	极重度	1557	18.2	922	59.2	635	40.8
	重度	2462	28.8	1729	70.2	733	29.8
	中度	2624	30.7	2250	85.7	374	14.3
	轻度	1894	22.2	1839	97.1	55	2.9

注：* 表示 $p < 0.05$，** 表示 $p < 0.01$，*** 表示 $p < 0.001$。

第四节　影响因素分析

一、依据相关因素能较准确地预测识字情况

在8个可能影响北京市残疾青少年识字状况相关因素的规定下，模型的分类正确率为80.92%。实际观测值不识字但模型预测其识字的可能性为56.03%，实际观测值识字但模型预测其不识字的可能性为9.23%（见表7–3）。从混淆矩阵来看，模型倾向于将所有观测值判断为识字。然而，模型在对每一个观测值进行预测时，判断结果有两种可能，即判定观测值识字或不识字。一个极不好的模型可能将所有的观测值都判断为不识字。总之，本研究中的残疾青少年识字状况相关因素模型对观测值进行了较为准确的分类，但识字率相关因素的特异性较低。

表7–3　2015年北京市残疾青少年识字率相关因素模型总体误判率与混淆矩阵

		模型判断是否识字		分类误判率（%）
		不识字（人）	识字（人）	
观测值是否识字	不识字（人）	790	1007	56.03
	识字（人）	622	6118	9.23
模型总体袋外误判率				19.08

注：研究目标为甄别北京市残疾青少年识字率主要因素。参数设置mtry决策树节点随机抽取的变量数为4，ntree决策树的数目为500。

二、分类的准确性较高、特异性较低

结合模型的误判率（见表7–3）和可信度（见图7–1），可进一步考察残疾青少年识字率相关因素对残疾青少年的影响方式。在研究中关注的识字率相关因素的影响下，模型不但能对识字的残疾青少年基本进行正确分类（正确率90.77%），且分类时做出判断的把握较大，同时，模型对不识字的残疾青少年进行判断时正确率较低（43.97%）且判断时把握相对较小（因相对有更多的不识字的观测值接近0）。即当残疾青少年具备本研究中相关因素的某

特征时，其识字的可能性较大。然而，本研究中规定的识字状况促进因素，不足以将识字子群体从不识字子群体中区分开，也就是说，某些不具备本研究中识字状况促进因素特征的残疾青少年，模型出于一定的把握，认为他们亦处于识字状态，但实际上他们在本研究未纳入的某些其他因素的影响下，处于不识字状态。

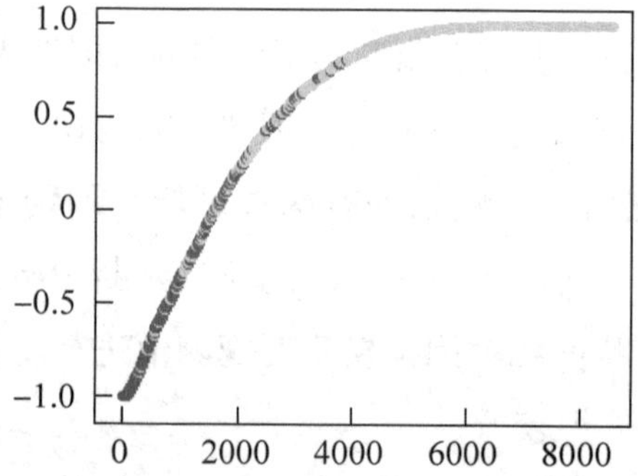

图 7-1　2015 年北京市残疾青少年识字率相关因素模型可信度

注：纵轴为可信度，指观测值在随机森林节点上分类正确率与最大误判率之差；横轴为观测值。纵轴数值为正数说明该观测值被正确归类，为负数则说明该观测值被错误分类。图形中可信度在 0.0—1.0 的绝大部分的点对应的为识字的观测值，可信度在 −1.0—0 的绝大部分的点对应的为不识字的观测值。点所对应的纵坐标绝对值越接近 1.0，则模型做出判断时的把握越大；越接近 1.0 表明观测值越可能被模型做出正确判断，越接近 −1.0 则越可能被误判，靠近 0 则模型的判断结果存在一定的偶然性。图中深灰色点对应的表示不识字的观测值，浅灰色点对应的表示识字的观测值。

三、残疾类别和所在区划对识字率影响相对最大

识字率相关因素的相对重要性因子值排序表明，残疾类别、区划、残疾程度和年龄在研究分析的 8 个解释变量中，对残疾青少年识字状况的影响最大，家庭人均收入和性别次之，然后是婚姻状况和户口性质（见表 7-4）。以变量重要性因子值的上四分位（373.27）为临界值确定残疾青少年识字状况的主要相关因素，残疾青少年的残疾类别和所在区划对其识字状况的影响较大。

表 7-4　2015 年北京市残疾青少年识字率相关因素模型变量重要性因子值

变量	不识字	识字	Gini 指数
残疾类别	112.40	117.32	444.9
区划	23.44	22.76	425.34
残疾程度	121.40	127.88	355.91
年龄	23.06	9.06	346.1
家庭人均收入	25.21	3.45	94.52
性别	3.26	–8.34	90.24
婚姻状况	24.98	7.92	74.76
户口性质	24.19	11.89	68.94

注：Gini 指数是随机森林在分类时度量每棵决策树中关于某变量的分类纯度递减量之和。值越大，说明该变量对观测值分类的准确性把握越大，即该变量对预测结果的影响越大。本研究依据该指标值进行变量重要性判断。

第五节　主要因素的影响模式

基于 2015 年全国残疾人基本服务状况和需求专项调查北京市数据，结合上述模型重要性因子与前文相关分析结果，分别考察残疾青少年的残疾类别、残疾程度、区划以及年龄对其识字状况的影响模式与差异程度。

一、听力残疾和残疾程度轻者识字率高

听力残疾青少年的识字可能性是多重残疾青少年的 55 倍；残疾程度轻一级，识字的可能性提高 2 倍。按残疾类别比较识字情况，残疾青少年的识字可能性由高到低依次为听力残疾以及肢体残疾、视力残疾、言语残疾以及精神残疾、智力残疾、多重残疾［见图 7-2（a）］。logistic 回归结果显示，在调整了性别、年龄、户口性质、家庭人均收入、婚姻状况、区划和残疾程度的影响之后，残疾青少年识字状况的残疾类别差异显著；相比于多重残疾，其他各类残疾青少年的识字可能性显著提高（$p<0.001$）。比如，听力残疾青少年的识字可能性约是视力残疾青少年的 7 倍［6.814（2.366，19.621）（$p<0.001$）］，约是多重残疾青少年的 55 倍［55.053（22.390，135.364）（$p<0.001$）］。

考察不同残疾程度之间的差异程度时，logistic 回归结果显示，在调整了性别、年龄、户口性质、家庭人均收入、婚姻状况、区划和残疾类别的影响之后，残疾青少年识字状况的残疾程度差异显著；残疾程度轻一级，识字的可能性提高 2 倍以上［3.198（2.956，3.459）（p<0.001）］。

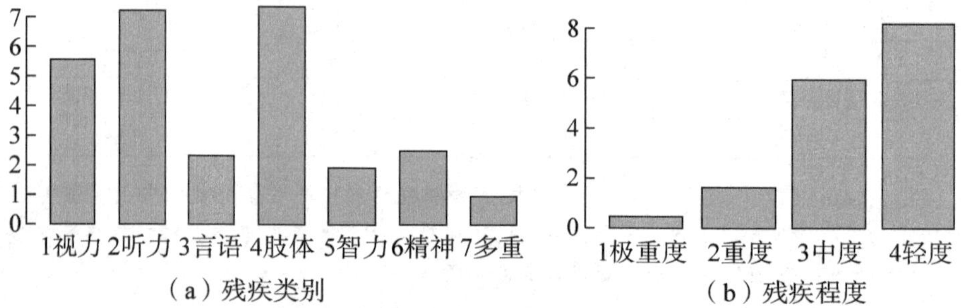

图 7-2　2015 年北京市残疾青少年识字率的残疾因素模式

注：部分依赖图的纵轴为将研究中的其他变量边缘化之后识字率与残疾因素的部分依赖程度。

二、识字状况的区划差异不显著

不同区划的残疾青少年的识字状况有一定差异，但影响不显著。其中西城区的残疾青少年识字的可能性最大，海淀区次之；通州区的残疾青少年识字可能性最小。按北京市主体功能区来看，整体来说，首都功能核心区（东城、西城）的残疾青少年识字的可能性最大，城市发展新区（通州、顺义、大兴、昌平、房山）的残疾青少年识字的可能性最小，城市功能拓展区（朝阳、海淀、丰台、石景山）和生态涵养发展区（门头沟、平谷、怀柔、密云、延庆）的残疾青少年识字的可能性居中（见图 7-3）。

选取海淀区和顺义区样本，试图以残疾青少年识字可能性的差距较大的两区为例考察区划之间的差异程度，logistic 回归结果显示，在调整了性别、年龄、户口性质、家庭人均收入、婚姻状况和残疾因素的影响之后，海淀与顺义两区之间的残疾青少年识字状况差异却不显著［0.882（0.561，1.387）（p=0.586）］。出现这种与重要性因子值结果不一致的原因可能性在于 logistic

回归方法对数据要求高于随机森林模型。

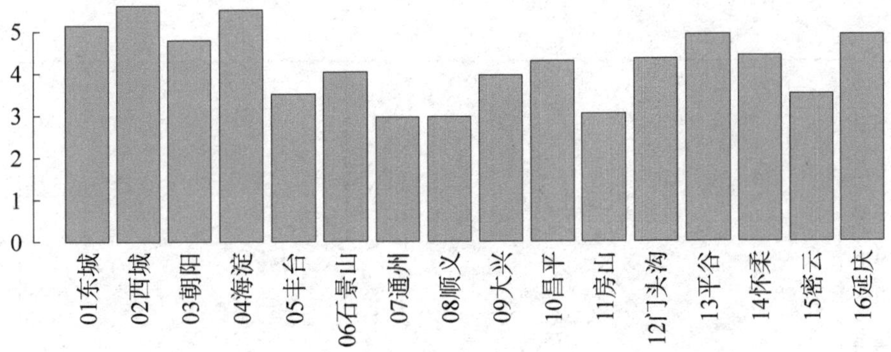

图 7–3　2015 年北京市残疾青少年识字率的区划模式

注：部分依赖图的纵轴为将研究中的其他变量边缘化之后识字率与所在区划的部分依赖程度。

三、年龄差别的识字率呈近似 M 字形

年龄差别的识字率呈近似 M 字形，但差异不显著。残疾青少年的年龄与其识字状况的关系近似 M 字形。15—19 岁，残疾青少年的年龄越大，识字的可能性越大；19 岁的残疾青少年识字的可能性最大。19 岁之后，残疾青少年识字的可能性整体下降，22 和 23 岁的残疾青少年识字可能性略有回升（见图 7–4）。

选取年龄 15—19 岁为样本，试图以该年龄段分年龄的残疾青少年的识字状况不断改善的数据提示考察年龄之间的差异程度，logistic 回归结果显示，在调整了性别、户口性质、家庭人均收入、婚姻状况、区划和残疾因素的影响之后，15—19 岁的残疾青少年识字状况的年龄差异不显著［0.996（0.929，1.068）（p=0.917）］。进一步选取年龄为 15 岁与 19 岁的样本，考察该具体不同年龄的残疾青少年在识字状况上的差异，logistic 回归结果显示，在调整了性别、户口性质、家庭人均收入、婚姻状况、区划和残疾因素的影响之后，15 岁与 19 岁的残疾青少年识字状况的年龄差异不显著［0.986（0.953，1.020）（p=0.419）］。同样，出现这种与重要性因子值结果不一致的

情况，可能是由于随机森林这一基于决策树的组合方法对数据要求较低但仍能拟合出数据规律的特性所致。

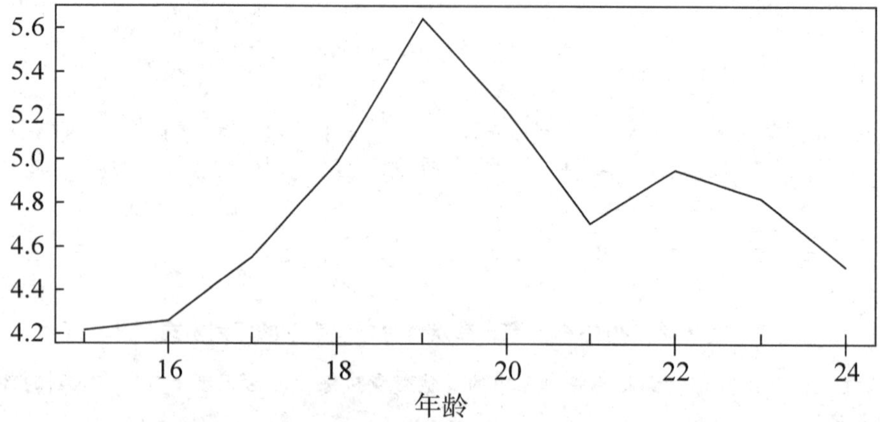

图 7-4　2015 年北京市残疾青少年识字率的年龄模式

注：部分依赖图的纵轴为将研究中的其他变量边缘化之后识字率与年龄的部分依赖程度。

第六节　讨论与小结

本章研究对北京市 15—24 岁持证残疾青少年的教育状况进行了描述与模型探析。研究先报告了该人群相对较低的识字率（79%）、受教育程度以高中为主（26.7%）、非义务教育阶段倾向于在普通教育机构就读的主要教育状况。这与北京市 15 岁以上残疾人的教育状况略有不同。北京市残疾人识字率达 86.2%，受教育程度以初中为主（37.1%），初中阶段就读于普通教育机构的残疾人比例高于特殊教育机构。[1] 这些差异可能主要在于历史因素，体现在不同年龄的残疾人受教育情况的不同，提示可对不同年龄段的残疾人的教育状况进行对比分析。的确，基于同样调查数据的现有研究表明，25 岁以

[1] 陈功，张旭．北京市残疾人基本服务状况及需求分析［J］．残疾人研究，2016（2）：73-79.

下和 65 岁及以上的残疾人未上学比例较高，这与脱盲情况一致。[1]可见政策历史因素对残疾人教育状况具有既定的影响路径。

列联分析表明，除年龄之外，本研究中所关注的其他因素与残疾青少年识字率显著相关。进一步的模型分析表明，残疾青少年的识字率仅与诸多因素中的残疾因素关系显著。听力残疾青少年的识字可能性最大，约是视力残疾青少年的 7 倍、多重残疾青少年的 55 倍；残疾程度轻一级，识字的可能性提高 2 倍以上。这提示本研究所关注其他诸因素对残疾青少年的识字状况影响不大，而残疾因素为当前难以逾越的教育障碍。

值得讨论的是，本研究模型的准确率较高而特异性较低，即当残疾青少年具备研究相关因素的某特征时，模型判断其为识字残疾青少年的可能性较大；而某些不具备研究中识字特征的残疾青少年，模型认为他们亦处于识字状态（只是模型做出这种错误判断时的把握性相对模型做出正确判断时的把握性要小得多），但实际上他们受本次研究未纳入的其他因素的影响并不识字。事实上，基于 15 个中低收入国家的数据发现，残疾人入学率的经济效应不明显、父母背景对入学率的影响也不明显。[2]虽然针对印度的研究表明，经济状况对残疾人教育状况有一定影响，[3]但来自加纳的研究表明，歧视是影响残疾人教育状况的最大因素。[4]这提示今后可从个人、家庭和社会经济状况以及社会歧视等方面进一步考察残疾青少年教育状况的影响因素。

总之，2015 年全国残疾人基本服务状况和需求专项调查北京市数据表明，北京市残疾青少年识字率（79%）相对较低，受教育程度以高中为主

---

❶ 刘艳虹，吴曼曼，邹酬云，等 . 北京市残疾人教育状况的调查研究［J］. 残疾人研究，2016（3）：71–78.

❷ MIZUNOYA S，Mitra S，YAMASAKI I. Disability and school attendance in 15 low-and middle-income countries［J］. World Development，2018（104）：388–403.

❸ TAKEDA T，LAMICHHANE K. Determinants of schooling and academic achievements: Comparison between children with and without disabilities in India［J］. International Journal of Educational Development，2018（61）：184–195.

❹ Mantey E E. Discrimination against children with disabilities in mainstream schools in Southern Ghana: Challenges and perspectives from stakeholders［J］. International Journal of Educational Development，2017（54）：18–25.

（26.7%），非义务教育阶段倾向于在普通教育机构就读。这一基本教育状况与15岁及以上残疾人状况有所不同，提示残疾青少年教育状况受政策历史因素的既定影响。除年龄外，研究中关注的其他因素在列联分析中与识字率显著相关，但随机森林模型表明识字率仅与残疾因素关系显著，由此可见残疾因素是当前难以逾越的教育障碍。今后的研究可从个人、家庭和社会经济状况以及社会歧视等方面进一步考察残疾青少年教育状况的影响因素。

第八章　北京市残疾青少年辅助器具利用状况与影响因素研究

第一节　引言

《“十三五”加快残疾人小康进程规划纲要》中指出，要坚持增进残疾人福祉与促进残疾人自强自立相结合。既要解决好残疾人最关心、最直接、最现实的利益问题，不断增进残疾人福祉，又要充分发挥残疾人的积极性、主动性和创造性，提高残疾人自我发展能力，帮助残疾人通过自身努力创造更加幸福的生活。[1]而残疾人辅助器具服务对于残疾人的康复、就业、就学、独立生活都有着非常重要的意义，是残疾人克服身体功能障碍、平等参与社会生活的重要支持手段，也是残疾人区别于其他社会群体的特殊需求之一。[2]残疾人辅助器具服务是实现残疾人“人人享有康复服务”目标的重要内容。促进残疾人辅助器具的利用对于残疾人提高自身生活和生存能力，减轻家庭经济负担，促进残疾人事业的发展具有重要意义，因此了解残疾人的辅助器具利用状况及影响因素也显得相当必要。

以往国内对残疾人辅助器具的相关研究多关注在现状和政策层面，少有关注辅助器具服务使用的影响因素的实证研究。具体来说，以往研究对残疾人辅助器具服务现状的呈现主要包括辅助器具服务所取得的发展和存在的问题两个方面。正如以往的研究表明，越来越多的残疾人获得了辅助器具服

---

[1] 国务院.“十三五”加快残疾人小康进程规划纲要［EB/OL］.［2016-08-17］.http://www.gov.cn/zhengce/content/2016-08/17/content_5100132.htm.

[2] 闫娟 . 残疾人辅助器具服务现状与政策建设思考［J］. 残疾人研究，2012（4）：67-70.

务、初步建立了覆盖城乡的辅助器具服务网络与辅助器具服务模式专业化，[1] 辅助器具适配服务得到了法律和制度保障、国际交流不断拓展、服务覆盖面不断扩大，[2] 基本建立了残疾人辅助器具社会救助体系。[3] 存在的问题主要有供需差距大、从业人员专业水平参差不齐、服务方式专业化程度不高，[4] 服务体系不完善、残疾人对辅助器具的认识不够、残疾人辅助器具指导服务不完善，[5] 保障制度不完善、宣传面窄，[6] 辅助器具社会救助政策的覆盖范围较小[7] 等。也有为数不多的实证研究指出老年残疾人的人口学特征（生活自理能力）、经济因素（家庭人均收入水平、基本社会保险参与情况）、环境（残疾人居住区域、社区以及社会支持情况）与心理因素对老年视力残疾人辅助器具使用有显著影响。[8] 这为现阶段相关残疾人辅助器具服务的政策制定和理论建构提供参考。虽然已有对老年残疾人的相关研究，但对残疾青少年这一残疾人重要子群体辅助器具服务相关研究还处于空白状态。总体来说，关于残疾人辅助器具的研究对子人群特征的关注还不够。因而本研究将重点考察残疾青少年辅助器具服务利用状况并对促进使用的主要因素进行甄别，旨在为残疾人辅助器具服务的政策细分和理论完善提供参考。

第二节　概念界定与分析方法

本研究对 2015 年全国残疾人基本服务状况和需求专项调查北京市数据中 15—24 岁残疾青少年的辅助器具利用状况进行分析。“辅助器具”包括产

---

❶ 闫媚 . 残疾人辅助器具服务现状与政策建设思考［J］. 残疾人研究，2012（4）：67–70.

❷ 李晞，吴小高 . 我国残疾人辅助器具服务工作的现状及展望［J］. 残疾人研究，2016（3）：43–47.

❸ 杨立雄，李晞 . 中国残疾人辅助器具政策研究［J］. 残疾人研究，2018（1）：43–51.

❹ 闫媚 . 残疾人辅助器具服务现状与政策建设思考［J］. 残疾人研究，2012（4）：67–70.

❺ 张宁 . 浅析残疾人辅助器具服务体系的建设［J］. 科技风，2016（12）：96.

❻ 李晞，吴小高 . 我国残疾人辅助器具服务工作的现状及展望［J］. 残疾人研究，2016（3）：43–47.

❼ 杨立雄，李晞 . 中国残疾人辅助器具政策研究［J］. 残疾人研究，2018（1）：43–51.

❽ 张旭，庄惠婷，黄庆波，等. 视力残疾老年人使用辅助器具的影响因素及政策建议［J］. 残疾人研究，2015（3）：61–65.

品和服务，而辅助器具服务包括：（1）信息咨询：街道、社区组织的辅助器具宣传、推介活动；（2）使用指导、维修更换、借用租赁：由基层辅助器具站、温馨家园提供的服务；（3）评估适配、购买补贴、免费配发、个性化改造。公共部门配发或残疾人自行购买产品，都属于得到辅助器具服务。

本研究在残疾青少年辅助器具利用状况分析中考察了性别、年龄、户口性质、识字状况、家庭人均收入、婚姻状况、区划、残疾类别和残疾程度（合称为残疾因素），对上述方面的子人群的辅助器具利用率及人群特征进行描述，对辅助器具利用的促进因素进行模式探讨。因本次调研是对所有持证残疾人的全面调查，未能关注社会环境、心理因素[1]等方面的人群特征。这是本研究在研究资料方面的不足。

研究先通过频数分析对北京市残疾青少年辅助器具利用的总体状况进行描述，然后采用列联分析对残疾青少年辅助器具利用率与相关因素之间的相关性进行检验。接下来考察辅助器具利用的年龄模式以提示分人群研究和服务供给的意义，所采用的是分类数据分析方法随机森林。具体分析包括将其他所有变量边缘化后，拟合残疾人年龄与辅助器具利用率之间的函数关系，以部分依赖图加以演示，分析年龄对使用辅助器具服务可能性的边际效应即年龄的影响模式。最后采用二元 logistic 回归进一步考察年龄影响的具体程度。

第三节　辅助器具利用率及其与人群特征的相关性

北京市残疾青少年辅助器具利用总的比例为 45.7%。如表 8-1 所示，在辅助器具利用率的人群差异上，除了性别差异不显著外，残疾青少年的辅助器具利用率在本研究关注的年龄、户口性质、识字状况、家庭人均收入、婚姻状况、区划、残疾类别和残疾程度上的差异显著，尤其在区划上，子人群的最大差异超过 50%。

---

❶ 张旭，庄惠婷，黄庆波，等. 视力残疾老年人使用辅助器具的影响因素及政策建议［J］. 残疾人研究，2015（3）：61-65.

具体而言，15—24 岁不同年龄的残疾青少年辅助器具利用差异显著，16 岁残疾青少年的辅助器具利用率（50.6%）最高，24 岁人群最低。农村残疾青少年的辅助器具利用率（40.1%）显著低于城市残疾青少年的辅助器具利用率（49.0%）。不同区划残疾青少年的辅助器具利用率差异较大，东城区、昌平区与平谷区的残疾青少年辅助器具利用率显著高于其他区划，是利用率最低的顺义区的 3 倍多。不识字的残疾青少年的辅助器具利用率（56.1%）显著高于识字的残疾青少年的辅助器具利用率（42.3%）。未就业的残疾青少年辅助器具利用率（44.8%）显著高于有工作的残疾青少年的辅助器具利用率（39.4%）。家庭人均收入低于当地低保标准的残疾青少年对辅助器具服务的利用率（49.2%）显著高于其他收入水平的残疾青少年。从婚姻状况来看，处于离婚状态的残疾青少年的辅助器具利用率（68.8%）显著高于处于其他婚姻状况的残疾青少年，是处于已婚有配偶状态的残疾青少年的辅助器具利用率（33.6%）的 2 倍多。残疾因素方面，多重残疾青少年的辅助器具利用率（63.5%）最高，精神残疾和言语残疾青少年的辅助器具利用率则显著低于其他残疾类别；残疾程度与辅助器具利用率显著正相关，残疾程度越高，辅助器具利用率越高。

表 8-1　2015 年北京市残疾青少年及其辅助器具利用的社会人口学特征（n=8963）

变量		人数（人）	百分比（%）	辅助器具			
				使用人数（人）	百分比（%）	未使用人数（人）	百分比（%）
性别	男	5235	58.4	2408	46.0	2827	54.0
	女	3728	41.6	1684	45.2	2044	54.8
年龄（岁）***	15	590	6.6	296	50.2	294	49.8
	16	628	7.0	318	50.6	310	49.4
	17	719	8.0	360	50.1	359	49.9
	18	823	9.2	385	46.8	438	53.2
	19	858	9.6	386	45.0	472	55.0
	20	878	9.8	393	44.8	485	55.2
	21	889	9.9	427	48.0	462	52.0
	22	1022	11.4	471	46.1	551	53.9
	23	1068	11.9	465	43.5	603	56.5
	24	1488	16.6	591	39.7	897	60.3

续表

变量		人数（人）	百分比（%）	辅助器具			
				使用人数（人）	百分比（%）	未使用人数（人）	百分比（%）
户口性质***	农业	3341	37.3	1340	40.1	2001	59.9
	非农业	5622	62.7	2752	49.0	2870	51.0
识字状况***	识字	6806	75.9	2882	42.3	3924	57.7
	不识字	2157	24.1	1210	56.1	947	43.9
就业状况（m=962）***	就业	2114	26.4	832	39.4	1282	60.6
	未就业	5887	73.6	2640	44.8	3247	55.2
家庭人均收入（m=423）***	低于低保标准	1132	13.3	557	49.2	575	50.8
	低于低收入标准	254	3.0	102	40.2	152	59.8
	其他	7154	83.8	3066	42.9	4088	57.1
婚姻状况***	未婚	2978	33.2	1284	43.1	1694	56.9
	已婚有配偶	411	4.6	138	33.6	273	66.4
	离婚	16	0.2	11	68.8	5	31.2
	未到法定结婚年龄	5558	62.0	2659	47.8	2899	52.2
区划***	东城区	471	5.3	375	79.6	96	20.4
	西城区	635	7.1	290	45.7	345	54.3
	朝阳区	920	10.3	435	47.3	485	52.7
	海淀区	837	9.3	467	55.8	370	44.2
	丰台区	670	7.5	241	36.0	429	64.0
	石景山区	225	2.5	54	24.0	171	76.0
	通州区	532	5.9	304	57.1	228	42.9
	顺义区	554	6.2	121	21.8	433	78.2
	大兴区	585	6.5	147	25.1	438	74.9
	昌平区	700	7.8	525	75.0	175	25.0
	房山区	781	8.7	201	25.7	580	74.3
	门头沟区	288	3.2	118	41.0	170	59.0
	平谷区	579	6.5	462	79.8	117	20.2
	怀柔区	339	3.8	81	23.9	258	76.1
	密云县	456	5.1	134	29.4	322	70.6
	延庆县	391	4.4	137	35.0	254	65.0

续表

变量		人数（人）	百分比（%）	辅助器具			
				使用人数（人）	百分比（%）	未使用人数（人）	百分比（%）
残疾类别***	视力残疾	502	5.6	270	53.8	232	46.2
	听力残疾	678	7.6	363	53.5	315	46.5
	言语残疾	84	0.9	26	31.0	58	69.0
	肢体残疾	2377	26.5	907	38.2	1470	61.8
	智力残疾	3894	43.4	1860	47.8	2034	52.2
	精神残疾	608	6.8	145	23.8	463	76.2
	多重残疾	820	9.1	521	63.5	299	36.5
残疾程度（m=3）***	极重度	1682	18.8	927	55.1	755	44.9
	重度	2701	30.1	1400	51.8	1301	48.2
	中度	2665	29.7	1127	42.3	1538	57.7
	轻度	1912	21.3	638	33.4	1274	66.6

注：*** 表示在 $p<0.001$ 的水平上差异显著。

第四节　影响因素分析

一、依据相关因素能较准确地预测辅助器具使用状况

在 10 个可能影响北京市残疾青少年辅助器具服务利用相关因素的规定下，模型的分类正确率为 67.23%。实际观测值未使用辅助器具服务，但模型预测其使用辅助器具服务的可能性为 25.02%；实际观测值使用辅助器具服务，但模型预测其未使用辅助器具服务的可能性为 41.98%（见表 8–2）。从混淆矩阵来看，模型的误判率较高。然而，模型在对每一个观测值进行预测时，判断结果有两种可能，即判定观测值使用或未使用辅助器具服务。一个极不好的模型可能将所有的观测值都判断为使用了辅助器具服务。总而言之，本研究中的残疾青少年辅助器具服务利用相关因素模型，对观测值进行了较为准确的分类，但辅助器具服务利用相关因素的特异性较低。

表 8-2　2015 年北京市残疾青少年辅助器具服务利用相关因素模型总体误判率与混淆矩阵

		模型判断是否使用辅助器具服务		分类误判率（%）
		未使用（人）	使用（人）	
观测值是否使用辅助器具服务	未使用（人）	3652	1219	25.02
	使用（人）	1718	2374	41.98
模型总体袋外误判率				32.77

注：研究目标为甄别北京市残疾青少年辅助器具服务利用的主要相关因素。参数设置 mtry 决策树节点随机抽取的变量数为 3，ntree 决策树的数目为 500。

二、分类准确性较高、特异性较高

结合模型的误判率（见表 8-2）和可信度（见图 8-1），进一步考察残疾青少年辅助器具服务利用相关因素对残疾青少年的影响方式。在研究关注的辅助器具服务利用相关因素的影响下，模型对未使用辅助器具服务的残疾青少年的分类较为准确（正确率 74.98%），对使用了辅助器具服务的残疾青少年的分类也基本准确（正确率 58.02%），但模型对二者进行分类时做出判断的把握都不是很大。即当残疾青少年具有研究中的相关因素某特征时，对其是否使用辅助器具服务的判断较为明确，分类的准确性和特异性都比较高，但相对而言，做出判断时的把握不大，可信度较低。

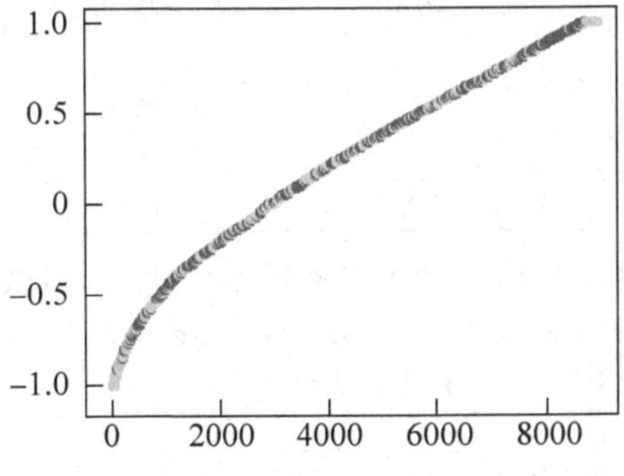

图 8-1　2015 年北京市残疾青少年辅助器具服务利用相关因素模型可信度

注：纵轴为可信度，指观测值在随机森林节点上分类正确率与最大误判率之差；横轴为观测值。纵轴数值为正数说明该观测值被正确归类，为负数则说明该观测值被错误分类。图形中可信度在 0—1.0 的大部分的点对应的为未利用辅助器具的观测值，可信度在

−1.0—0 的大部分的点对应的为利用了辅助器具的观测值。点所对应的纵坐标绝对值越接近 1.0 则模型做出判断时的把握越大；越接近 1.0 表明观测值越可能被模型做出正确判断，越接近 −1.0 则越可能被误判，靠近 0 则模型的判断结果存在一定的偶然性。图中浅灰色点对应的表示利用了辅助器具的观测值，深灰色点对应的表示未利用辅助器具的观测值。

三、区划和年龄对辅助器具服务利用比例的影响相对最大

辅助器具服务相关因素相对重要性因子值排序表明，区划在本研究分析的 10 个解释变量中对残疾青少年辅助器具服务利用的影响最大，年龄、残疾类别和残疾程度次之，然后是就业状况、家庭人均收入、性别、户口性质、婚姻状况和识字状况（见表 8–3）。以变量重要性因子值的上四分位（333.56）为临界值，确定残疾青少年辅助器具服务利用的首要相关因素发现，残疾青少年所在区划、年龄和残疾类别对其辅助器具服务利用的影响较大。

表 8–3　2015 年北京市残疾青少年辅助器具服务利用相关因素模型变量重要性因子值

变量	未使用	使用	Gini 指数
区划	65.27	99.30	852.72
年龄	19.46	−8.75	372.70
残疾类别	64.66	46.11	367.99
残疾程度	52.66	26.62	230.27
就业状况	16.06	34.22	172.95
家庭人均收入	6.17	22.59	146.50
性别	1.12	−0.86	119.91
户口性质	12.91	15.38	92.15
婚姻状况	17.44	−9.23	87.95
识字状况	20.23	19.96	86.72

注：Gini 指数是随机森林在分类时度量每棵决策树中关于某变量的分类纯度递减量之和。值越大，说明该变量对观测值分类的准确性把握越大，即该变量对预测结果的影响越大。本研究依据该指标值进行变量重要性判断。

第五节　主要因素的影响模式

结合上述模型的重要性因子与前文相关分析结果，接下来分别考察残疾

青少年的所在区划、残疾类别以及年龄对其辅助器具利用状况的影响模式与差异程度。

一、区划的影响显著

不同区划的残疾青少年使用辅助器具服务的可能性差异较大。其中，东城区的残疾青少年辅助器具服务利用的可能性最大，昌平区和平谷区次之，顺义区和房山区最小（见图 8-2）。按北京市主体功能区来看，整体来说，首都功能核心区（东城、西城）的残疾青少年使用辅助器具服务的可能性最大；城市功能拓展区（朝阳、海淀、丰台、石景山）的残疾青少年使用辅助器具服务的可能性相对较小，但区内差异较小；城市发展新区（通州、顺义、大兴、昌平、房山）和生态涵养发展区（门头沟、平谷、怀柔、密云、延庆）残疾青少年辅助器具服务利用的可能性区内差异较大。

选取东城区和顺义区样本，试图以残疾青少年辅助器具服务利用可能性差距最大的两区为例，考察区划之间的差异程度。logistic 回归结果显示，在调整了性别、年龄、户口性质、识字状况、就业状况、家庭人均收入、婚姻状况、残疾因素的影响之后，东城区与顺义区两区之间的残疾青少年辅助器具服务利用差异显著，东城区的残疾青少年接受辅助器具服务的可能性是顺义区的 20 倍以上［20.209（12.128，33.676）（$p<0.001$）］。

选取东城区和大兴区样本，试图以残疾青少年辅助器具服务利用可能性差距较大的两区为例进一步考察区划之间的差异程度。logistic 回归结果显示，在调整了性别、年龄、户口性质、识字状况、就业状况、家庭人均收入、婚姻状况、残疾因素的影响之后，东城区与大兴区两区之间的残疾青少年辅助器具服务利用差异显著，东城区的残疾青少年接受辅助器具服务的可能性是大兴区的 15 倍以上［15.222（9.494，24.406）（$p<0.001$）］。

再选取房山区和顺义区样本，试图以青少年辅助器具服务利用可能性差距较小的两区为例，考察区划之间的差异程度。logistic 回归结果显示，在调整了性别、年龄、户口性质、识字状况、就业状况、家庭人均收入、婚姻状况、残疾因素的影响之后，房山区和顺义区两区之间的残疾青少年辅助器具服务利用差异显著，房山区的残疾青少年接受辅助器具服务的可能性是顺义区的1.5倍以上［1.569（1.144，2.152）（p=0.005）］。

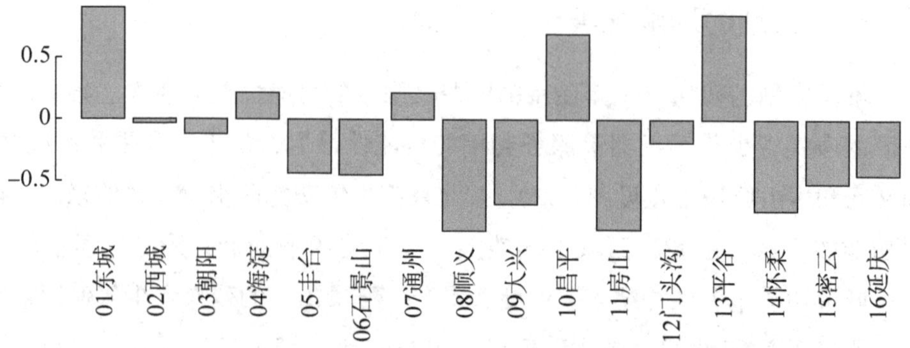

图 8-2　2015 年北京市残疾青少年辅助器具利用的区划模式

注：部分依赖图的纵轴为将研究中的其他变量边缘化之后辅助器具利用可能性与区划的部分依赖程度。

二、多重残疾使用辅助器具服务的可能性最大

多重残疾使用辅助器具服务的可能性最大，是精神残疾的4倍以上。不同残疾类别的残疾青少年使用辅助器具服务的可能性有一定差异。其中，精神残疾青少年使用辅助器具服务的可能性明显低于其他类别的残疾青少年，多重残疾青少年使用辅助器具服务的可能性最大，视力残疾和智力残疾次之（见图 8-3）。

选取精神残疾青少年和多重残疾青少年样本，试图以残疾青少年辅助器具服务利用的可能性差距最大的两者为例，考察不同残疾类别之间的差异程度。logistic 回归结果显示，在调整了性别、年龄、户口性质、识字状况、就业状况、家庭人均收入、婚姻状况、区划、残疾程度的影响之后，残疾青少年辅助器具服务利用的残疾类别差异显著；多重残疾青少年接受辅助器具服务的可能性是精神残疾青少年的4倍以上［4.338（3.158，5.959）（p<0.001）］。可见，残疾类别对残疾青少年的辅助器具服务利用有显著影响。

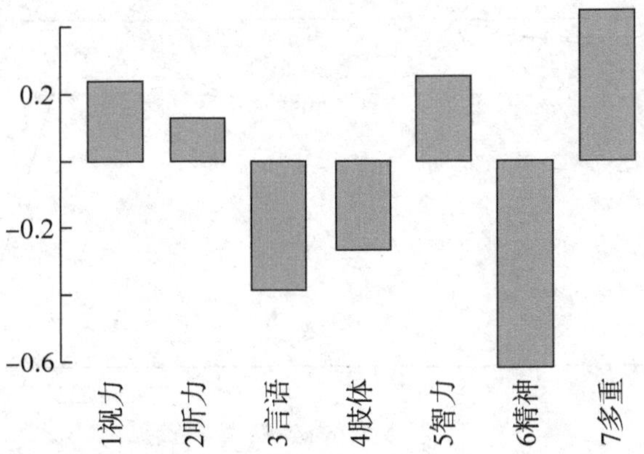

图 8–3　2015 年残疾青少年辅助器具利用的残疾类别模式

注：部分依赖图的纵轴为将研究中的其他变量边缘化之后辅助器具利用可能性与残疾类别的部分依赖程度。

三、年龄的影响

残疾青少年的年龄与其辅助器具服务的利用状况的关系呈近似 M 字形，但差异不显著。15—17 岁，残疾青少年使用辅助器具服务的可能性渐增，17 岁时，残疾青少年使用辅助器具服务的可能性最大；17—22 岁，残疾青少年使用辅助器具服务的可能性缓慢下降后又有所回升，处于这个年龄段的残疾青少年使用辅助器具服务的可能性整体较高；22—24 岁，残疾青少年使用辅助器具服务的可能性急剧下降，24 岁的残疾青少年使用辅助器具服务的可能性最低（见图 8–4）。

选取 22—24 岁残疾青少年样本，试图以该年龄段分年龄的残疾青少年的辅助器具服务利用的可能性急剧下降的数据提示，考察年龄之间的差异程度。logistic 回归结果显示，在调整了性别、户口性质、识字状况、就业状况、家庭人均收入、婚姻状况、区划、残疾因素的影响之后，三个年龄段的残疾青少年辅助器具服务利用差异不显著（p=0.272）。

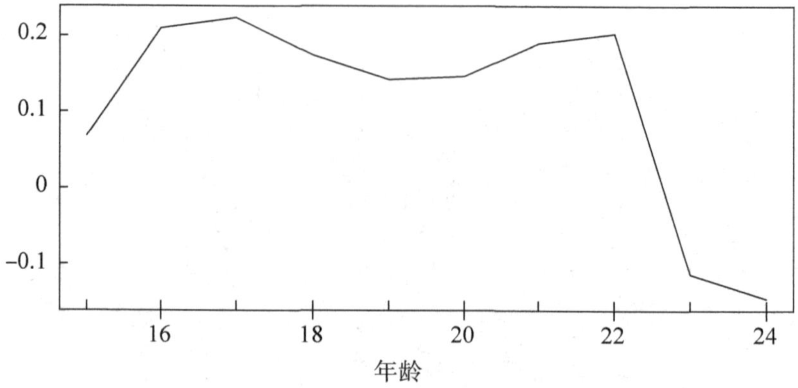

图 8-4　2015 年北京市残疾青少年辅助器具利用的年龄模式

注：部分依赖图的纵轴为将研究中的其他变量边缘化之后辅助器具利用可能性与年龄的部分依赖程度。

第六节　讨论与小结

本章研究对 2015 年北京市 15—24 岁持证残疾青少年的辅助器具利用状况进行了描述与模型探索。残疾青少年辅助器具利用率（45.7%）较高，高于 2013 年全国残疾人接受辅助器具配置的比例（16.3%）。[1] 这一差异主要在于近几年来残疾人事业的发展以及国家和社会对残疾青少年康复工作的重视。同时，以往研究表明 14 岁以下年龄组和 80 岁以上年龄组辅助器具的利用率均超过 50%，[2] 高于 15—24 岁残疾青少年辅助器具的利用率；而本研究进一步揭示，在控制了性别、户口性质、识字状况、家庭人均收入、婚姻状况、区划、残疾类别和残疾程度的影响后，考察年龄对残疾青少年辅助器具利用的影响时，15—24 岁残疾青少年辅助器具利用率的年龄差别不大。换言之，辅助器具利用在残疾总人口中的年龄组间差异较大，而在 15—24 岁青少年年龄组内差异较小；15—24 岁残疾青少年辅助器具利用率在各年龄组中处于中等水平。

---

[1] 中国残疾人联合会．2013 年度中国残疾人状况及小康进程监测报告［EB/OL］．［2014-08-12］.http://www.cdpf.org.cn/sjzx/jcbg/201408/ t20140812_411000.shtml.

[2] 陈功，张旭．北京市残疾人基本服务状况及需求分析［J］．残疾人研究，2016（2）：73-79.

研究中关注的残疾青少年的年龄、户口性质、识字状况、家庭人均收入、婚姻状况、所在区划、残疾类别和残疾程度与残疾青少年辅助器具利用率显著相关。归纳来看，服务利用率与服务供给以及残疾青少年自身状况密切相关。一方面，辅助器具服务和产品的充分供给意味着高利用率。这主要体现在户口性质的差异方面：城市户口残疾青少年利用率高于农业户口残疾青少年；残疾青少年的辅助器具利用率与所在行政区划的关系尤为明显，区划之间差异显著，东城区的残疾青少年辅助器具利用的可能性最大，顺义区最小。这可能在于地域不同、区划不同，则社会保障水平、残疾人的收入水平和辅助器具开发技术等不同，导致残疾青少年使用辅助器具的可能性不同。这一发现与以往研究揭示的不同地区残疾人辅助器具综合服务水平存在较大差距，[1] 以及居住区域、收入水平、社会基本保险参与情况、社会支持情况和心理因素对老年视力残疾人辅助器具使用有较大影响[2] 的发现相印证。可见，政府与社会做足辅助器具服务和产品的充分供给并促进获取服务的便利性，可提高残疾青少年对辅助器具的利用率。

另一方面，残疾青少年相对更为弱势的残疾状况也导致相对更高的利用率。如在残疾青少年使用辅助器具服务的可能性上，多重残疾最大，精神残疾最小。不同残疾类别的残疾青少年辅助器具利用率差距较大，可能主要在于辅助器具弥补不同残疾类别残疾人缺陷的可能性及辅助效果不同。上述两个方面的发现可借鉴瑞典等国家的经验，[3] 将向残疾人提供辅助技术服务纳入医疗保障体系，即结合社会保障制度的完善与技术的发展，进一步考察残疾青少年的辅助器具利用模式。

总之，残疾人辅助器具服务是实现残疾人“人人享有康复服务”目标的重要内容。本章内容基于2015年全国残疾人基本服务状况和需求专项调查北京市数据，对15—24岁残疾青少年的辅助器具利用状况及特征进行分析。

---

[1] 黄玉明．残疾人辅助器具综合服务探微［J］．低碳世界，2017（30）：269–270.

[2] 张旭，庄惠婷，黄庆波，等．视力残疾老年人使用辅助器具的影响因素及政策建议［J］．残疾人研究，2015（3）：61–65.

[3] 王保华．瑞典、冰岛残疾人辅助器具服务考察［J］．残疾人研究，2011（3）：73–75.

研究发现，北京市残疾青少年辅助器具利用率较高；列联分析显示残疾青少年辅助器具利用率与年龄、户口性质、识字状况、家庭人均收入、婚姻状况、所在区划、残疾类别和残疾程度显著相关。辅助器具利用在残疾总人口中的年龄组间差异较大，而在15—24岁青少年年龄组内差异较小；15—24岁残疾青少年辅助器具利用率在各年龄组中处于中等水平；分类数据年龄模式的随机森林分析显示，残疾青少年服务利用率的年龄分布近似M字形，但年龄差异不显著。结合文献，本研究认为辅助器具利用率与服务供给及残疾青少年自身状况密切相关：辅助器具服务和产品的充分供给意味着高利用率；残疾青少年相对更为弱势的残疾状况也导致较高的利用率。今后可进一步考察辅助器具利用的年龄模式以关注具有年龄敏感性的服务供给方式，同时需对影响残疾青少年辅助器具利用的其他条件加以研究，以探讨残疾青少年辅助器具利用的促进模式。

第九章　北京市残疾青少年养护照料服务利用与影响因素研究

第一节　引言

残疾人是社会的弱势群体，加大对残疾人的关怀照顾，提高其生活质量，是社会发展进步、文明和谐的一个重要标志。“促进残疾人事业发展，有利于维护残疾人合法权益，促进社会公平正义，实现全体人民共享改革发展成果；有利于调动残疾人的积极性、主动性和创造性，发挥残疾人在促进改革发展稳定中的重要作用，实现经济社会又好又快发展；有利于促进我国人权事业全面发展，体现社会主义制度的优越性，树立我国良好的国际形象。”[1]养护照料服务为残疾人的正常生活提供基本保障，是促进残疾人事业发展的一个重要组成部分，因此对残疾人养护照料服务利用状况及其影响因素的探索，具有重要的现实意义。

目前关于残疾人养护照料服务的研究较少，已有研究多关注残疾人养护机构的发展现状、重残无业人员的养护工作和老年残疾人的长期照护体制。具体来看，国内外对残疾人的照顾主要有社会福利机构照顾、医院照顾、家庭照顾和社区照顾四种模式。[2]2004—2015 年上海市残疾人养护机构及养护残疾人数逐渐增多，上海市残疾人机构养护服务实施整体情况良好，基本实

---

❶ 中共中央办公厅秘书局 . 中共中央国务院关于促进残疾人事业发展的意见［EB/OL］.［2008-04-23］.http://www.gov.cn/jrzg/2008-04/23/content_952483.htm.

❷ 陶健婷，郝元涛，阮剑华，等 . 残疾人照顾模式和生存质量研究进展［J］. 中国康复理论与实践，2007（10）：954-956.

现对有养护需求残疾人的全覆盖。❶2010年上海市还出台了《残疾人养护机构服务规范》，可见四种照顾模式中的残疾人机构养护服务取得了一定的发展和社会关注；重残无业人员的生活自理能力差，养护需求大，有研究指出性别、年龄、户籍类别、残疾类别、起居情况、监护人关系、经济来源、住房情况、对救助养护服务的了解程度和态度等均对重残无业人员救助养护需求有影响，但残疾人的经济水平、残疾类别、监护人与其的关系等是影响残疾人救助养护需求的最主要因素；❷老年残疾人的收入水平、残疾类别等因素决定了家庭长期照护是我国老年残疾人通常采用的主要照护方式。❸这些已有的研究成果为相关残疾人养护政策和理论建构提供参考。虽然已有对重残无业人员和老年残疾人两个子人群的关注和研究，但学界对残疾人养护照料服务与其他子人群特征的研究，尤其是残疾青少年的关注不够。本研究将重点考察残疾青少年的养护照料服务利用状况并对促进养护照料服务使用的主要因素进行甄别，旨在为残疾人养护服务的政策细分和理论完善提供参考。

第二节　变量纳入与方法

一、变量纳入

本研究模型分析中的结果变量为残疾青少年养护照料利用率，以二分类变量“是否享受养护照料服务”来测量。该变量在问卷中通过确认调查对象享受养护照料服务的类型来识别。残疾青少年养护照料服务利用率的有关因素包括：性别、年龄、户口性质、家庭人均收入、婚姻状况、识字状况、就业状况、区划、残疾类别和残疾程度（合称为残疾因素）。如前文数据来源所示，因是对所

❶ 裴罂，吕军，虞慧炯，等．上海市残疾人机构养护服务实施现状分析［J］．中国康复理论与实践，2017（8）：895-899.

❷ 周云，马进，虞慧炯，等．上海市重残无业人员救助养护需求影响因素分析［J］．疾病控制杂志，2007（5）：467-470.

❸ 翟卞．残疾人养护，服务质量可评价——《残疾人养护机构服务规范》解读［J］．上海质量，2011（1）：60-62.

有持证残疾人的全面调查，普查未能关注以往研究表明的监护人关系、住房情况、对救助养护服务的了解程度[1]等因素。这是本研究在数据资料方面的不足。

二、数据分析方法

本研究先基于频数分析对北京市残疾青少年养护照料服务利用状况进行描述，然后采用列联分析对残疾青少年养护照料服务利用率与相关因素之间的相关性进行检验。接下来针对利用率与相关因素之间的关系进行模型探索，所采用的是分类数据分析方法随机森林。在探明影响模式之后，依据部分依赖图提示进一步采用二元 logistic 回归考察上述影响的具体程度。

第三节　养护照料服务利用现状

一、以居家安养服务为主

北京市残疾青少年中约半数（44.9%）享受过某种养护照料服务，对具体的机构托养（4.9%）和社区日间照料服务（7.2%）的利用率较低，居家安养服务的利用率相对较高，为 36.1%（见表 9–1）。

表 9–1　2015 年北京市残疾青少年养护照料服务利用表（n=8963）

养护照料模式	是否享受养护照料服务	人数（人）	百分比（%）
居家安养	是	3235	36.1
	否	5728	63.9
机构托养	是	439	4.9
	否	8524	95.1
社区日间照料	是	644	7.2
	否	8319	92.8
合计	享受某种服务	4028	44.9
	未享受	4935	55.1

[1] 周云，马进，虞慧炯，等 . 上海市重残无业人员救助养护需求影响因素分析［J］. 疾病控制杂志，2007（5）：467–470.

二、养护照料服务利用率与人群特征显著相关

在养护照料服务利用率的人群差异上，除了性别差异不显著外，北京市残疾青少年的养护照料服务利用率在研究关注的其他因素上差异显著，尤其在残疾类别和残疾程度上，子人群的最大差异超过50%。男性和女性残疾青少年对养护照料服务的利用率都较高（男45.2%，女44.6%），二者相差不大；从年龄上来看，15岁残疾青少年对养护照料服务的利用率（16.8%）显著低于其他年龄的残疾青少年，21岁残疾青少年对养护照料服务的利用率最高（53.1%）；农村残疾青少年对养护照料服务的利用率（49.3%）高于城市残疾青少年对养护照料服务的利用率（42.3%）；不识字的残疾青少年对养护照料服务的利用率（79.1%）是识字残疾青少年对养护照料服务的利用率（34.1%）的2倍多；未就业的残疾青少年对养护照料服务的利用率（49.0%）约是工作的残疾青少年对养护照料服务的利用率（32.0%）的1.5倍；家庭人均收入低的残疾青少年对养护照料服务的利用率显著高于家庭人均收入水平较高的残疾青少年；从婚姻状况来看，处于离婚状态的残疾青少年对养护照料服务的利用率（75.0%）显著高于其他三者；不同区划的残疾青少年对养护照料服务的利用率差异较大，昌平区的残疾青少年对养护照料服务的利用率（75.1%）显著高于其他区，是利用率最低的几个区（东城、西城、朝阳、海淀、延庆）的2倍多；不同残疾类别的残疾青少年对养护照料服务的利用率差异很大，智力残疾、精神残疾和多重残疾的青少年需要的养护照料要明显多于视力、听力、言语和肢体残疾的青少年，精神残疾的青少年对养护照料服务的利用率（65.3%）约是听力残疾青少年的10倍；从残疾程度来看，轻度残疾的青少年对养护照料服务的利用率（8.9%）显著低于其他残疾程度的青少年（见表9–2）。

表 9-2 2015 年北京市残疾青少年及其养护照料服务利用的社会人口学特征（n=8963）

变量		人数（人）	百分比（%）	养护照料服务			
				使用人数（人）	百分比（%）	未使用人数（人）	百分比（%）
性别	男	5235	58.4	2366	45.2	2869	54.8
	女	3728	41.6	1662	44.6	2066	55.4
年龄（岁）***	15	590	6.6	99	16.8	491	83.2
	16	628	7.0	212	33.8	416	66.2
	17	719	8.0	312	43.4	407	56.6
	18	823	9.2	345	41.9	478	58.1
	19	858	9.6	408	47.6	450	52.4
	20	878	9.8	410	46.7	468	53.3
	21	889	9.9	472	53.1	417	46.9
	22	1022	11.4	523	51.2	499	48.8
	23	1068	11.9	555	52.0	513	48.0
	24	1488	16.6	692	46.5	796	53.5
户口性质***	农业	3341	37.3	1648	49.3	1693	50.7
	非农业	5622	62.7	2380	42.3	3242	57.7
识字状况***	识字	6806	75.9	2321	34.1	4485	65.9
	不识字	2157	24.1	1707	79.1	450	20.9
就业状况（m=962）***	就业	2114	26.4	676	32.0	1438	68.0
	未就业	5887	73.6	2884	49.0	3003	51.0
家庭人均收入（m=423）***	低于当地低保标准	1132	13.3	644	56.9	488	43.1
	低于本市低收入标准	254	3.0	146	57.5	108	42.5
	其他	7154	83.8	2818	39.4	4336	60.6
婚姻状况***	未婚	2978	33.2	1486	49.9	1492	50.1
	已婚有配偶	411	4.6	192	46.7	219	53.3
	离婚	16	0.2	12	75.0	4	25.0
	未到法定结婚年龄	5558	62.0	2338	42.1	3220	57.9
区划***	东城区	471	5.3	158	33.5	313	66.5
	西城区	635	7.1	215	33.9	420	66.1
	朝阳区	920	10.3	333	36.2	587	63.8
	海淀区	837	9.3	282	33.7	555	66.3
	丰台区	670	7.5	264	39.4	406	60.6
	石景山区	225	2.5	103	45.8	122	54.2
	通州区	532	5.9	271	50.9	261	49.1
	顺义区	554	6.2	246	44.4	308	55.6

续表

变量		人数（人）	百分比（%）	养护照料服务			
				使用人数（人）	百分比（%）	未使用人数（人）	百分比（%）
区划 ***	大兴区	585	6.5	298	50.9	287	49.1
	昌平区	700	7.8	526	75.1	174	24.9
	房山区	781	8.7	369	47.2	412	52.8
	门头沟区	288	3.2	127	44.1	161	55.9
	平谷区	579	6.5	267	46.1	312	53.9
	怀柔区	339	3.8	150	44.2	189	55.8
	密云县	456	5.1	282	61.8	174	38.2
	延庆县	391	4.4	137	35.0	254	65.0
残疾类别 ***	视力残疾	502	5.6	109	21.7	393	78.3
	听力残疾	678	7.6	44	6.5	634	93.5
	言语残疾	84	0.9	11	13.1	73	86.9
	肢体残疾	2377	26.5	597	25.1	1780	74.9
	智力残疾	3894	43.4	2409	61.9	1485	38.1
	精神残疾	608	6.8	397	65.3	211	34.7
	多重残疾	820	9.1	461	56.2	359	43.8
残疾程度（m=3）***	极重度	1682	18.8	1021	60.7	661	39.3
	重度	2701	30.1	1710	63.3	991	36.7
	中度	2665	29.7	1126	42.3	1539	57.7
	轻度	1912	21.3	171	8.9	1741	91.1

注：*** 表示在 $p<0.001$ 的水平上差异显著。

第四节　影响因素分析

一、依据相关因素能较准确地预测养护照料服务利用状况

依据相关因素能较准确地预测养护照料服务利用状况，但相关因素的特异性低。在 10 个可能影响北京市残疾青少年养护照料服务利用相关因素的规定下，模型的分类正确率为 82.26%，在某些积极因素的影响下，北京市残疾青少年享受过养护照料服务的可能性较大。实际观测值未使用养护照料服

务，模型预测其使用过养护照料服务的可能性为16.56%，实际观测值使用过养护照料服务，但模型预测其未使用过养护照料服务的可能性为19.19%（见表9–3）。从混淆矩阵来看，模型对观测值的判断较为准确，倾向于将未使用养护照料服务的观测值判断为未使用养护照料服务；将使用养护照料服务的观测值判断为使用养护照料服务。然而，模型在对每一个观测值进行预测时，判断结果有两种可能，即判定观测值使用过养护照料服务或未使用过养护照料服务。一个极不好的模型可能将所有的观测值都判断为使用过养护照料服务。总而言之，本次研究中的残疾青少年养护照料服务利用相关因素模型对观测值进行了较为准确的分类。

表9–3　2015年北京市残疾青少年养护照料服务利用相关因素模型总体误判率与混淆矩阵

		模型判断是否使用养护照料服务		分类误判率（%）
		未使用（人）	使用（人）	
观测值是否使用养护照料服务	未使用（人）	4118	817	16.56
	使用（人）	773	3255	19.19
模型总体袋外误判率				17.74

注：研究目标为甄别北京市残疾青少年养护照料服务利用主要促进因素。参数设置mtry决策树节点随机抽取的变量数为3，ntree决策树的数目为500。

二、分类准确性高、特异性高

结合模型的误判率（见表9–3）和可信度（见图9–1），可进一步考察本研究中残疾青少年养护照料服务利用相关因素对残疾青少年养护照料服务利用的影响方式。在研究关注的养护照料服务利用相关因素的影响下，模型对使用和未使用养护照料服务残疾青少年都能基本进行正确分类（正确率分别为80.81%和83.44%），且分类时做出判断的把握都较大。这表明，残疾青少年若具备某些特征则很可能使用养护照料服务；若不具备该特征则很可能不使用这些服务。

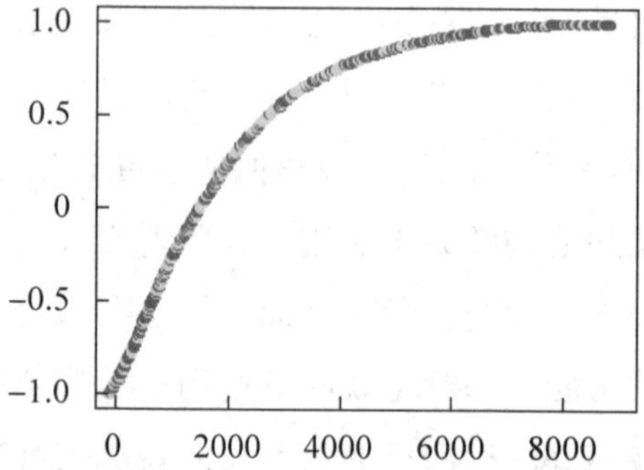

图 9–1　2015 年北京市残疾青少年养护照料服务利用相关因素模型可信度

注：纵轴为可信度，指观测值在随机森林节点上分类正确率与最大误判率之差；横轴为观测值。纵轴数值为正数说明该观测值被正确归类，为负数则说明该观测值被错误分类。图形中可信度在 0—1.0 的大部分的点对应的为未利用养护照料服务的观测值，可信度在 −1.0—0 的绝大部分的点对应的为利用了养护照料服务的观测值。点所对应的纵坐标绝对值越接近 1.0 则模型做出判断时的把握越大；越接近 1.0 表明观测值越可能被模型做出正确判断，越接近 −1.0 则越可能被误判，靠近 0 则模型的判断结果存在一定的偶然性。图中深灰色点对应的表示未利用养护照料服务的观测值，浅灰色点对应的表示利用了养护照料服务的观测值。

三、残疾因素对养护照料服务利用率的影响相对最大

养护照料服务利用率相对重要性因子值排序表明，残疾类别和残疾程度在本研究分析的 10 个解释变量中，对残疾青少年养护照料服务利用的影响最大，区划、年龄和识字状况次之，然后是就业状况、家庭人均收入、性别、户口性质和婚姻状况（见表 9–4）。以变量重要性因子值的上四分位（452.74）为临界值，确定残疾青少年养护照料服务利用首要的相关因素发现，残疾青少年的残疾类别、残疾程度和区划对其养护照料服务利用的影响较大。

表 9–4　2015 年北京市残疾青少年养护照料服务利用相关因素模型变量重要性因子值

变量	未使用	使用	Gini 指数
残疾类别	100.96	128.81	739.34
残疾程度	160.89	118.32	663.16
区划	55.57	52.06	469.52
年龄	40.47	55.86	402.40

续表

变量	未使用	使用	Gini 指数
识字状况	48.24	46.22	359.33
就业状况	40.79	42.45	175.11
家庭人均收入	30.35	36.43	164.47
性别	3.76	2.83	81.79
户口性质	34.73	15.53	80.29
婚姻状况	4.95	17.71	68.42

注：Gini 指数是随机森林在分类时度量每棵决策树中关于某变量的分类纯度递减量之和。值越大，说明该变量对观测值分类的准确性把握越大，即该变量对预测结果的影响越大。本研究依据该指标值进行变量重要性判断。

第五节　主要因素的影响模式

结合上述模型重要性因子与前文相关分析结果，接下来分别考察残疾青少年的残疾类别、残疾程度、所在区划以及年龄对其养护照料服务利用的影响模式与差异程度。

一、智力残疾和极重度残疾青少年利用养护照料服务的可能性最大

残疾青少年的残疾类别不同，其享受养护照料服务的可能性差异较大，智力、精神和多重残疾的青少年享受养护照料服务的可能性明显高于视力、听力言语和肢体残疾的青少年［见图 9-2（a）］。从残疾程度来看，残疾青少年使用养护照料服务的可能性从大到小依次为极重度、重度、中度、轻度，残疾程度越轻，残疾青少年使用养护照料服务的可能性越小，从重度、中度到轻度降幅尤为明显［见图 9-2（b）］。

选取肢体残疾青少年与智力残疾青少年为样本，试图以残疾青少年养护服务利用可能性差距最大的两者之间的差异程度为例，进一步考察不同残疾类别之间的差异程度。logistic 回归结果显示，在调整了性别、年龄、户口性质、识字状况、就业状况、家庭人均收入、婚姻状况、区划、残疾程度的

影响之后，智力残疾青少年养护照料服务利用的可能性是肢体残疾青少年的5.7倍［5.718（4.870，6.714）（$p<0.001$）］。可见，残疾青少年的残疾类别对其利用养护照料服务有显著影响。

考察不同残疾程度之间的差异程度，logistic 回归结果显示，在调整了性别、年龄、户口性质、识字状况、就业状况、家庭人均收入、婚姻状况、区划、残疾类别的影响之后，残疾青少年利用养护照料服务的残疾程度差异显著，残疾程度重一级，养护照料服务的利用可能性提高2.8倍［2.809（2.613，3.019）（$p<0.001$）］。

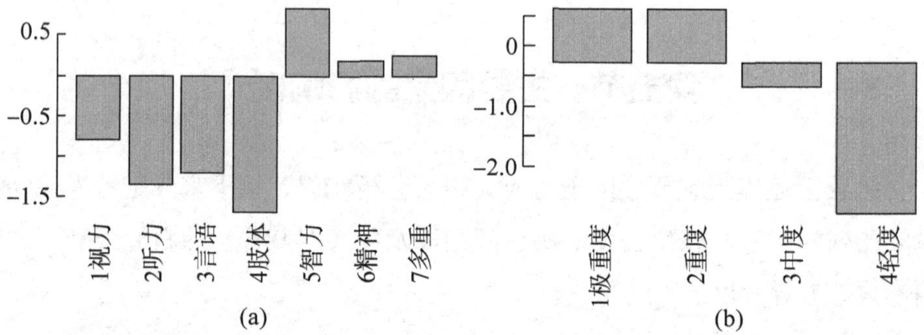

图 9-2　2015 年北京市残疾青少年养护照料服务利用的残疾因素模式

注：部分依赖图的纵轴为将研究中的其他变量边缘化之后养护照料服务利用可能性与残疾因素的部分依赖程度。

二、区划的影响显著

不同区划的残疾青少年使用养护照料服务的可能性差异较大且影响显著。其中，昌平区的残疾青少年使用养护照料服务的可能性最大，密云区次之，海淀区的残疾青少年使用养护照料服务的可能性最小。按北京市主体功能区来看，整体来说，城市功能拓展区（朝阳、海淀、丰台、石景山）的残疾青少年使用养护照料服务的可能性最小且区内差异较小，其他三大功能区区内差异均较大（见图 9-3）。

选取昌平区和朝阳区样本，试图以残疾青少年养护照料服务利用可能性差距较大的两区为例考察区划之间的差异程度。logistic 回归结果显示，在调整了性别、年龄、户口性质、识字状况、就业状况、家庭人均收入、婚姻状况、残疾因素的影响之后，朝阳区与昌平区两区之间的残疾青少年养护照料服务利用差异显著，昌平区的残疾青少年接受养护照料服务的可能性是朝阳区的 3 倍以上［3.612（2.459，5.304）（p<0.001）］。

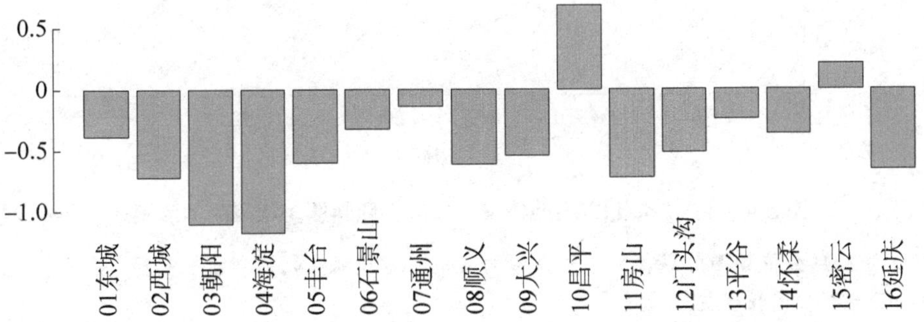

图 9–3　2015 年北京市残疾青少年养护照料服务利用的区划模式

注：部分依赖图的纵轴为将研究中的其他变量边缘化之后养护照料服务利用可能性与所在区划的部分依赖程度。

三、年龄的影响

整体上来说，随着年龄增长，残疾青少年使用养护照料服务的可能性呈下降趋势，差异显著。15 岁的残疾青少年使用养护照料服务的可能性最大，21 岁残疾青少年使用养护照料服务的可能性最小；16 岁时残疾青少年使用养护照料服务的可能性迅速下降，16—23 岁缓慢下降，略有起伏，24 岁时使用养护照料服务的可能性则略有回升（见图 9–4）。

选取年龄 15—17 岁为样本，试图以该年龄段分年龄的残疾青少年的养护照料服务利用率不断降低的数据提示为例，进一步考察年龄之间的差异程度。logistic 回归结果显示，在调整了性别、户口性质、识字情况、就业状况、收入、婚姻状况、区划、残疾因素的影响之后，15—17 岁的残疾青少年养护照料服务利用的年龄差异显著，其养护照料服务利用可能性逐岁降低［0.611

(0.458，0.815)(p=0.001)]。

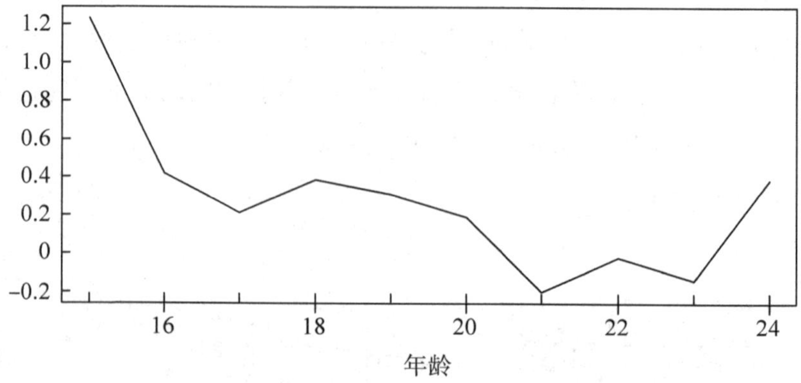

图 9-4　2015 年北京市残疾青少年养护照料服务利用的年龄模式

注：部分依赖图的纵轴为将研究中的其他变量边缘化之后养护照料服务利用可能性与年龄的部分依赖程度。

第六节　讨论与小结

本章研究对 2015 年北京市 15—24 岁持证残疾青少年的养护照料服务利用状况和影响因素进行了描述与模型探析。研究先报告了北京市残疾青少年的养护照料服务利用率为 44.9%，其中居家安养的利用率相对机构托养和社区日间照料服务较高。这与老年残疾人的养护照料方式和需求较为相似。2006 年第二次全国残疾人抽样调查的数据显示，我国老年残疾人占残疾人总数的比例上升到了 53. 24%，[1]一半以上的残疾人都是老年残疾人；而且由于受到中国传统家庭的养老思想、老年残疾人的收入水平等多方面因素的影响，老年残疾人更多地依赖于家庭成员提供的长期照护服务，家庭长期照护成为我国老年残疾人通常采用的主要照护方式。[2]

---

[1] 赵建玲 . 中国老年残疾人现状与长期照护制度探索［J］. 中国老年学杂志，2014（10）：2907-2910.

[2] 陈晌 . 我国老年残疾人的家庭长期照护体系研究——以北京市老年残疾人为例［J］. 理论与实践，2011（9）：100-102.

列联分析表明，除性别外，本研究关注的其他因素与残疾青少年的养护照料服务利用率显著相关。进一步的模型分析表明，残疾青少年的就业比例与诸因素中的残疾因素、所在区划和年龄关系显著：智力残疾青少年使用养护照料服务的可能性最大，肢体残疾青少年最小；残疾程度越重，养护照料服务利用可能性越大；养护照料服务利用状况在区划之间差异显著，主体功能区内部异质性较大；整体来说，养护照料服务利用可能性随年龄增大而降低。由于智力、精神、多重残疾青少年和重度残疾青少年行动能力和生活自理能力等较差，他们的照护需求强烈。这与以往在残疾人养护照料研究中揭示的养护残疾人以智力、精神残疾为主，[1]残疾类别是影响残疾人需求的最主要因素之一[2]的研究发现相印证。同时，养护照料服务的区划差异，可能在于不同区的养护照料服务供给水平和残疾人的收入水平等不同。这与残疾人的经济水平是影响残疾人需求的最主要因素之一[3]的研究发现一致。另外，残疾青少年养护照料服务利用率的年龄差异主要在15—24岁，年龄越大，残疾人的独立能力和生活自理能力相对越强，养护需求也可能越小。这与机构养护残疾人年龄主要集中在35—49岁[4]的研究发现有一定出入。

值得讨论的是，本研究模型的准确率较高、特异性高，即模型对使用和未使用养护照料服务的残疾青少年都能基本进行正确分类，分类时做出判断的把握都较大，但数据结果仍提示模型中未能充分纳入有关因素。正如曾有研究揭示起居情况、监护人关系、住房情况、对救助养护服务的了解程度等各类因素对重残无业人员救助养护需求有影响。[5]这提示残疾青少年养护照

---

❶ 裴曌，吕军，虞慧炯，等．上海市残疾人机构养护服务实施现状分析［J］．中国康复理论与实践，2017（8）：895–899.

❷ 周云，马进，虞慧炯，等．上海市重残无业人员救助养护需求影响因素分析［J］．疾病控制杂志，2007（5）：467–470.

❸ 周云，马进，虞慧炯，等．上海市重残无业人员救助养护需求影响因素分析［J］．疾病控制杂志，2007（5）：467–470.

❹ 裴曌，吕军，虞慧炯，等．上海市残疾人机构养护服务实施现状分析［J］．中国康复理论与实践，2017（8）：895–899.

❺ 周云，马进，虞慧炯，等．上海市重残无业人员救助养护需求影响因素分析［J］．疾病控制杂志，2007（5）：467–470.

料服务研究，可结合家庭和个人认知等因素进行进一步考察。

总之，2015 年全国残疾人基本服务状况和需求专项调查北京市数据表明，北京市残疾青少年的养护照料服务利用率（44.9%）相对较低；除性别外，本章研究关注的其他因素在列联分析中与残疾青少年养护照料服务利用率显著相关，但随机森林模型表明养护照料服务利用率只与残疾因素、区划和年龄关系显著，模型准确率较高且特异性高。研究结果提示，残疾青少年个人生活自理能力低、劳动能力差、养护照料资料丰富能显著促进残疾青少年使用养护照料服务。今后可结合家庭和个人状况进一步考察残疾青少年养护照料服务利用状况的影响因素。

第十章 北京市残疾青少年就业状况与影响因素研究

第一节 引言

关心残疾人，是社会文明进步的重要标志。残疾人事业是中国特色社会主义事业的重要组成部分。促进残疾人事业发展，改善残疾人状况，已成为全面建设小康社会和构建社会主义和谐社会的一项重要而紧迫的任务。[1]而促进残疾人就业则是促进残疾人事业全面发展的一项重要内容。残疾人就业事关国计民生，做好残疾人就业工作是改善社会民生的重要手段。对残疾人个体来说，就业不但能提高自身的生活质量，还是融入社会、实现人生价值的基础；对社会来说，促进残疾人就业，不仅能减轻残疾人的家庭负担，还能促进社会的稳定和经济发展。[2]了解残疾人的就业状况和影响就业的因素，是提高残疾人就业率、改善残疾人生活的重要前提，具有重要意义。

以往研究多关注残疾人就业的影响因素，根据这些研究可以大致获知残疾人的就业模型。具体来看，该模型中的因素主要有个体的人口学特征（如性别、年龄、婚姻状况和居住地[3]）、家庭状况（如家庭规模[4]、住房状况和

---

❶ 中共中央办公厅秘书局．中共中央国务院关于促进残疾人事业发展的意见［EB/OL］．［2008-04-23］.http://www.gov.cn/jrzg/2008-04/23/content_952483.htm.

❷ 徐星月．残疾人就业影响因素研究文献综述［J］．社会保障研究，2016（6）：103-109.

❸ 廖娟．残疾人就业及其影响因素研究［J］．残疾人研究，2014（4）：38-43.

❹ 廖娟．残疾人就业及其影响因素研究［J］．残疾人研究，2014（4）：38-43.

收入水平❶）以及地区状况（如经济发展水平❷、就业扶贫情况❸和残疾人服务体系的总体发展状况❹）。这为相关政策和理论建构提供参考。但总的来看，关于残疾人就业的研究对子人群特征关注不够。有研究表明，残疾青少年在劳动就业方面具有经济活动性低、工资普遍较低、大部分靠熟人介绍工作等特点，且存在就业链条不畅通、支持性的社会环境不足、挂名就业和受不法团伙诱骗等问题。❺那么，残疾青少年有怎样的特定就业现况，主要受哪些因素的影响？本研究将重点考察残疾青少年的就业状况并对促进就业的主要因素进行甄别，旨在为残疾人就业的政策细分和理论完善提供参考。

第二节　数据与方法

一、研究对象与样本选取

本研究的目标人群为具有北京市户籍并持有《中华人民共和国残疾人证》的16—24岁有就业意愿的非在校残疾青少年（简称北京市残疾青少年）。研究从就业状况入手，对上述人群的就业比例及人群特征进行描述，并对就业促进因素进行模式探讨。数据来源为2015年全国残疾人基本服务状况和需求专项调查北京市数据。对16—59周岁人群的劳动就业状况与就业需求进行了问卷调查。本研究选取其中16—24岁有就业意愿和劳动能力的非在校残疾青少年的就业状况及有关数据进行分析，样本量为3374人。

---

❶ 白先春，邓晓艳，宦颖洁．我国残疾人就业影响因素的实证研究［J］．残疾人研究，2018（2）：92–96.

❷ 赖德胜，廖娟，刘伟．我国残疾人就业及其影响因素分析［J］．中国人民大学学报，2008（1）：10–15.

❸ 白先春，邓晓艳，宦颖洁．我国残疾人就业影响因素的实证研究［J］．残疾人研究，2018（2）：92–96.

❹ 吕学静，赵萌萌．中国残疾人就业现状及其影响因素［J］．中国就业，2012（10）：47–49.

❺ 杨蓉蓉．残疾青少年劳动就业状况及促进研究［J］．中国青年研究，2015（4）：10–17.

二、概念界定

根据《残疾人就业条例》(中华人民共和国国务院令第488号）规定，就业指符合法定就业年龄、有就业意愿的残疾人从事有报酬的劳动。本次研究模型分析的结果变量为残疾青少年就业比例，以二分类变量“是否就业”来测量。残疾青少年中的就业者指在调查标准时点前为取得收入而做过固定的、非暂时性的工作的残疾人。特定情况包括：（1）在自家经营的摊位、商店、门市部、工厂劳动，即使没有任何收入，也应视作为取得收入而工作；（2）因各种原因休假未工作（包括正常的年休假、疗养假及空勤人员、船员、火车乘务人员的轮休假等）以及各种原因的请假未工作（包括病假、工伤假、产假、事假、婚丧假、探亲假等）；（3）个人档案、人事关系已在某单位，但因各种原因本人尚未到新单位报到上班也属于就业；（4）承包或租用土地的农民。残疾青少年中的未就业者指在入户调查时没有工作的残疾人或者只是从事临时性工作的残疾人。其他特定情况包括未与原单位解除劳动关系，但在原单位已无工作岗位的下岗、内退人员。特别说明的是，正在参加职业康复劳动并且有定期报酬的，属于就业；无定期报酬的，属于未就业。

三、数据分析方法

基于文献研究，研究模型分析中的残疾青少年就业状况有关因素包括：性别、年龄、户口性质、识字状况、家庭人均收入、婚姻状况、区划、残疾类别和残疾程度（合称为残疾因素）。但如上述数据来源所示，因是对所有持证残疾人的全面调查，普查未能关注家庭规模[1]、熟人网络[2]等对残疾人或残疾青少年就业有影响的因素，这是本研究在数据资料方面的不足。

研究先基于频数分析对北京市残疾青少年就业状况进行描述，然后采用列联分析对残疾青少年就业比例与有关因素之间的相关性进行检验。接下来

[1] 廖娟．残疾人就业及其影响因素研究［J］．残疾人研究，2014（4）：38–43.

[2] 杨蓉蓉．残疾青少年劳动就业状况及促进研究［J］．中国青年研究，2015（4）：10–17.

针对就业比例与相关因素之间的关系进行模型探索，所采用的是分类数据分析方法随机森林。在探明影响模式之后，依据部分依赖图提示，进一步采用二元 logistic 回归考察上述影响的具体程度。

第三节　有就业意愿和劳动能力的非在校残疾青少年的就业状况

一、就业比例及未就业原因

2015 年北京市残疾青少年中有就业意愿的非在校残疾青少年为 3374 人，就业比例为 62.7%。城市残疾青少年以按比例就业（29.0%）和其他形式就业（21.9%）为主，农村残疾青少年以其他形式就业（26.9%）和从事种植养殖业（19.6%）为主（见表 10–1）。所谓其他形式就业通常包括：不符合集中就业条件的辅助性就业（具体包括通过集中组织精神、智力和重度肢体残疾人参加适当生产劳动，给予一定劳动报酬，以提高劳动技能、改善身体及生活状况为目的的就业，如北京市参加职业康复劳动并有定期劳动报酬的残疾人就业）、家庭帮工（帮助家庭成员从事生产经营活动的人员）、给个体工商户打工的残疾人、其他灵活就业人员（主要指非全时工、季节工、家庭小时工等一般劳动者）、网络就业（开办网店）等。此外，还包括已参加城镇职工社会保险，没有固定工作单位，岗位、工作时间不固定，但能够取得合法收入的情况；不包括参加职业康复劳动但没有定期劳动报酬的情况。

二、就业状况人群差异显著

在就业比例的人群差异上，除了性别及识字状况差异各不显著外，残疾青少年的就业状况与年龄、户口性质、家庭人均收入、婚姻状况、所在区划以及残疾因素显著相关。尤其在年龄上，子人群的最大差异超过 40%，年龄越大的残疾青少年就业比例越高，24 岁残疾青少年的就业比例（72.4%）约是 16 岁残疾青少年的 3 倍。农村残疾青少年的就业比例（66.5%）显著高于城市残疾青少年的就业比例（60.0%）；家庭人均收入水平较高的残疾青少年的就业比例（64.4%）显著高于家庭人均收入水平低的残疾青少年的就业比例；处于离婚状态的残疾青少年的就业比例（83.3%）显著高于其他三种婚姻状态的残疾青少年；16 区的残疾青少年的就业情况差距较大，大兴区的残疾青少年就业比例最高（81.6%），约是就业比例最低的通州区的两倍；从残疾类别来看，听力残疾的青少年就业比例（72.2%）最高，精神残疾的青少年就业比例最低（45.8%）；从残疾程度来看，就业比例从高到低依次为轻度、极重度、中度和重度（见表 10–2）。

表 10–1　2015 年北京市有就业意愿的非在校残疾青少年就业情况

<table>
<tr><th colspan="3">变量</th><th>人数（人）</th><th>百分比（%）</th></tr>
<tr><td rowspan="2">是否就业（n=3374）</td><td colspan="2">就业</td><td>2114</td><td>62.7</td></tr>
<tr><td colspan="2">未就业</td><td>1260</td><td>37.3</td></tr>
<tr><td rowspan="13">就业形式</td><td rowspan="6">非农业户口（n=2003）</td><td>集中就业</td><td>62</td><td>3.1</td></tr>
<tr><td>按比例就业</td><td>580</td><td>29.0</td></tr>
<tr><td>个体就业</td><td>30</td><td>1.5</td></tr>
<tr><td>公益性就业</td><td>92</td><td>4.6</td></tr>
<tr><td>其他形式就业</td><td>438</td><td>21.9</td></tr>
<tr><td>缺失值</td><td>801</td><td>40.0</td></tr>
<tr><td rowspan="7">农业户口（n=1371）</td><td>进城务工</td><td>125</td><td>9.1</td></tr>
<tr><td>从事种植养殖业</td><td>269</td><td>19.6</td></tr>
<tr><td>村办或乡镇办企业就业</td><td>56</td><td>4.1</td></tr>
<tr><td>个体就业</td><td>34</td><td>2.5</td></tr>
<tr><td>公益性就业</td><td>59</td><td>4.3</td></tr>
<tr><td>其他形式就业</td><td>369</td><td>26.9</td></tr>
<tr><td>缺失值</td><td>459</td><td>33.5</td></tr>
<tr><td rowspan="8">未就业者情况（n=1260）</td><td rowspan="5">主要生活来源</td><td>抚恤金</td><td>5</td><td>0.4</td></tr>
<tr><td>财产性收入</td><td>14</td><td>1.1</td></tr>
<tr><td>社会救助与社会福利</td><td>486</td><td>38.6</td></tr>
<tr><td>家庭成员供养</td><td>630</td><td>50.0</td></tr>
<tr><td>其他</td><td>125</td><td>9.9</td></tr>
<tr><td rowspan="3">未就业主要原因</td><td>无就业技能</td><td>529</td><td>42.0</td></tr>
<tr><td>农用土地被征用</td><td>16</td><td>1.3</td></tr>
<tr><td>其他</td><td>715</td><td>56.7</td></tr>
</table>

表 10-2　2015 年北京市残疾青少年就业状况人群比较（n=3374）

变量		总人数（人）	百分比（%）	就业人数（人）	百分比（%）	未就业人数（人）	百分比（%）
性别	男	2018	59.8	1274	63.1	744	36.9
	女	1356	40.2	840	61.9	516	38.1
年龄（岁）***	16	59	1.7	15	25.4	44	74.6
	17	99	2.9	42	42.4	57	57.6
	18	192	5.7	85	44.3	107	55.7
	19	278	8.2	137	49.3	141	50.7
	20	348	10.3	186	53.4	162	46.6
	21	374	11.1	224	59.9	150	40.1
	22	517	15.3	345	66.7	172	33.3
	23	606	18.0	428	70.6	178	29.4
	24	901	26.7	652	72.4	249	27.6
户口性质***	农业	1371	40.6	912	66.5	459	33.5
	非农业	2003	59.4	1202	60.0	801	40.0
识字情况	识字	2945	87.3	1880	63.8	1065	36.2
	不识字	429	12.7	234	54.5	195	45.5
家庭人均收入***	低于低保	334	9.9	173	51.8	161	48.2
	低于低收入	76	2.3	31	40.8	45	59.2
	其他	2964	87.8	1910	64.4	1054	35.6
婚姻状况***	未婚	1622	48.1	1143	70.5	479	29.5
	已婚有配偶	271	8.0	182	67.2	89	32.8
	离婚	6	0.2	5	83.3	1	16.7
	未到结婚年龄	1475	43.7	784	53.2	691	46.8
区划***	东城区	158	4.7	92	58.2	66	41.8
	西城区	253	7.5	140	55.3	113	44.7
	朝阳区	325	9.6	195	60.0	130	40.0
	海淀区	320	9.5	198	61.9	122	38.1

续表

变量		总人数（人）	百分比（%）	就业人数（人）	百分比（%）	未就业人数（人）	百分比（%）
区划 ***	丰台区	244	6.6	158	64.8	86	35.2
	石景山区	90	2.7	55	61.1	35	38.9
	通州区	205	6.1	87	42.4	118	57.6
	顺义区	187	5.5	94	50.3	93	49.7
	大兴区	255	7.6	208	81.6	47	18.4
	昌平区	164	4.7	89	54.3	75	45.7
	房山区	325	9.6	227	69.8	98	30.2
	门头沟区	97	2.9	46	47.4	51	52.6
	平谷区	205	6.1	154	75.1	51	24.9
	怀柔区	165	4.9	103	62.4	62	37.6
	密云县	199	5.9	136	68.3	63	31.7
	延庆县	182	5.4	132	72.5	50	27.5
残疾类别***	视力残疾	231	6.8	149	64.5	82	35.5
	听力残疾	266	7.9	192	72.2	74	27.8
	言语残疾	41	1.2	28	68.3	13	31.7
	肢体残疾	937	27.8	663	70.8	274	29.2
	智力残疾	1508	44.7	872	57.8	636	42.2
	精神残疾	203	6.0	93	45.8	110	54.2
	多重残疾	188	5.6	117	62.2	71	37.8
残疾程度 ***	极重度	400	11.9	245	61.2	155	38.8
	重度	823	24.4	471	57.2	352	42.8
	中度	1148	34.0	692	60.3	456	39.7
	轻度	1003	29.7	706	70.4	297	29.6

注：*** 表示在 $p<0.001$ 的水平上差异显著。

第四节 影响因素分析

一、依据相关因素能较准确地预测未就业状况

在9个可能影响北京市残疾青少年就业状况相关因素的规定下，模型的分类正确率为65.92%。实际观测值未就业，但模型预测其就业的可能性为61.75%；实际观测值就业，但模型预测其未就业的可能性为17.60%（见表10–3）。从混淆矩阵来看，模型倾向于将观测值判断为就业，误判率较高。然而，模型在对每一个观测值进行预测时，判断结果有两种可能即判定观测值就业或未就业。一个极不好的模型可能将所有的观测值都判断为未就业。总而言之，本研究中的残疾青少年就业促进因素模型，对观测值进行了较为准确的分类，但就业促进因素的特异性较低。

表10–3 2015年北京市残疾青少年就业促进因素模型总体误判率与混淆矩阵

		模型判断是否就业		分类误判率（%）
		未就业（人）	就业（人）	
观测值是否就业	未就业（人）	482	778	61.75
	就业（人）	372	1742	17.60
模型总体袋外误判率				34.08

注：研究目标为甄别北京市有就业意愿的非在校残疾青少年就业促进的主要因素。参数设置mtry决策树节点随机抽取的变量数为3，ntree决策树的数目为500。

二、分类的准确性较低、特异性较低

结合模型的误判率（见表10–3）和可信度（见图10–1），进一步考察本研究中残疾青少年就业促进因素对有就业意愿的残疾青少年的影响方式。在研究关注的就业促进因素的影响下，模型对实现了就业的残疾青少年，不仅能基本进行正确分类（正确率82.4%），而且分类时做出判断的把握较大；同时，模型对未就业的残疾青少年进行判断时正确率较低（38.25%）且判断时的把握相对较小（因相对有更多未就业的观测值的可信度接近0）。即当有就

业意愿的残疾青少年具备相关因素的某特征时，其实现就业的可能性较大。但某些不具备就业促进因素特征的残疾青少年，模型出于一定的把握认为他们亦处于就业状态。这提示了今后的研究需关注本研究未纳入的某些其他因素，如家庭规模❶、熟人网络❷等。

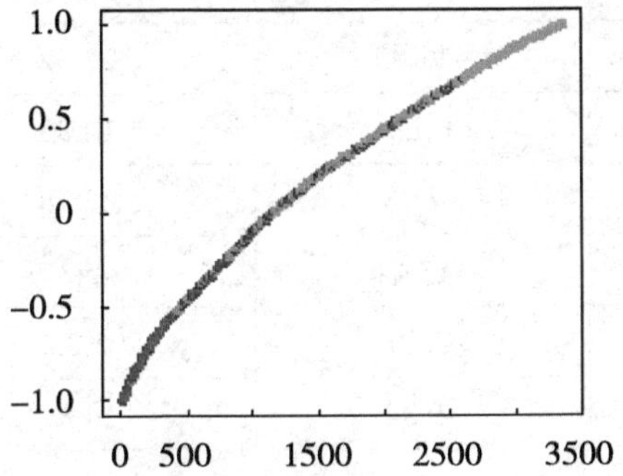

图 10–1　2015 年北京市残疾青少年就业状况相关因素模型可信度

注：纵轴为可信度，指观测值在随机森林节点上分类正确率与最大误判率之差；横轴为观测值。纵轴数值为正数说明该观测值被正确归类，为负数则说明该观测值被错误分类。图形中可信度在 0—1.0 的绝大部分的点对应的为就业的观测值，可信度在 −1.0—0 的绝大部分的点对应的为未就业的观测值。点所对应的纵坐标绝对值越接近 1.0 则模型做出判断时的把握越大；越接近 1.0 表明观测值越可能被模型做出正确判断，越接近 −1.0 则越可能被误判，靠近 0 则模型的判断结果存在一定的偶然性。图中浅灰色点对应的表示就业的观测值，深灰色点对应的表示未就业的观测值。

三、区划对就业状况的影响相对最大

就业促进因素的相对重要性因子值排序表明，区划在本次研究分析的 9 个解释变量中，对残疾青少年就业状况的影响最大，年龄、残疾类别和残疾程度次之，然后是婚姻状况、家庭人均收入、户口性质、性别和识字状况。以变量重要性因子值的上四分位（128.90）为临界值，确定残疾青少年就业状况的首要相关因素发现，残疾青少年的所在区划、年龄和残疾类别对其就业状况的影响较大。

❶ 廖娟．残疾人就业及其影响因素研究［J］．残疾人研究，2014（4）：38–43.

❷ 杨蓉蓉．残疾青少年劳动就业状况及促进研究［J］．中国青年研究，2015（4）：10–17.

表 10-4　2015 年北京市残疾青少年就业促进因素模型的变量重要性因子值

变量	未就业	就业	Gini 指数
区划	–9.23	48.68	260.11
年龄	9.27	22.33	170.75
残疾类别	–10.70	36.23	128.90
残疾程度	–11.85	26.62	111.25
婚姻状况	0.12	12.83	54.00
家庭人均收入	17.55	32.78	53.29
户口性质	–17.47	45.37	50.06
性别	–2.01	5.33	49.38
识字状况	–9.34	14.80	35.16

注：Gini 指数是随机森林在分类时度量每棵决策树中关于某变量的分类纯度递减量之和。值越大，说明该变量对观测值分类的准确性把握越大，即该变量对预测结果的影响越大。本研究依据该指标值进行变量重要性判断。

第五节　主要因素的影响模式

结合上述模型重要性因子与前文相关分析结果，接下来分别考察残疾青少年利用就业服务的主要促进因素（年龄、残疾类别和区划）对其就业状况的影响模式与差异程度。

一、年龄每长一岁则就业的可能性提高 23%

残疾青少年就业的可能性大致与其年龄成正比，17—20 岁的残疾青少年就业可能性增幅较小（见图 10-2）。考察不同年龄之间的差异程度，logistic 回归结果显示，在调整了性别、户口性质、识字状况、家庭人均收入、婚姻状况、区划和残疾因素的影响之后，16—24 岁残疾青少年就业状况的年龄差异显著；年龄每长一岁，就业的可能性提高 23%［1.231（1.162，1.304）（$p<0.001$）］。

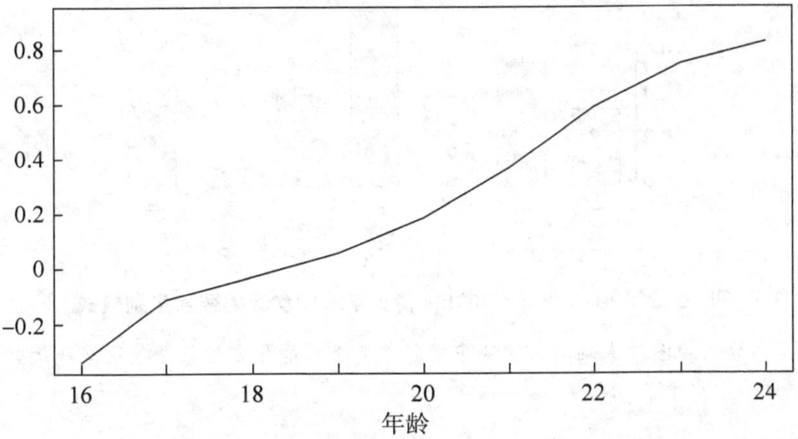

图 10–2　2015 年北京市残疾青少年就业状况的年龄模式

注：部分依赖图的纵轴为将研究中的其他变量边缘化之后就业状况与年龄的部分依赖程度。

二、精神残疾青少年就业可能性不足其他残疾青少年的一半

按残疾类别来比较就业状况，残疾青少年的就业可能性由高到低依次为肢体残疾、听力残疾、智力残疾及多重残疾、言语残疾、视力残疾、精神残疾。（见图 10–3）考察不同残疾类别之间的差异程度，logistic 回归结果显示，在调整了性别、年龄、户口性质、识字状况、家庭人均收入、婚姻状况、区划、残疾程度的影响之后，残疾青少年就业状况在残疾类别上有一定的差异。相比于精神残疾，其他各类残疾青少年的就业可能性显著提高（$p=0.001$ 或 $p<0.001$）。比如，视力残疾青少年的就业可能性约是精神残疾青少年就业可能性的 2.3 倍［2.316（1.435，3.739）（$p=0.001$）］，肢体残疾青少年的就业可能性约是精神残疾青少年的就业可能性的 2.3 倍［2.310（1.585，3.367）（$p<0.001$）］。

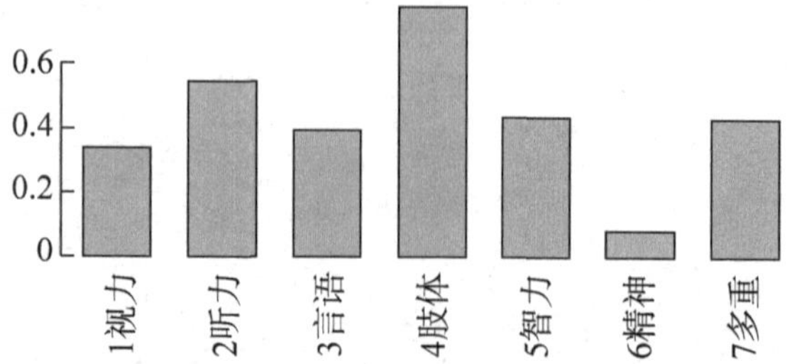

图 10-3 2015 年北京市残疾青少年就业状况的残疾类别模式

注：部分依赖图的纵轴为将研究中的其他变量边缘化之后就业状况与残疾类别的部分依赖程度。

三、区划的影响显著

主体功能区之间异质性较大，区划之间差异显著。残疾青少年所在区划对其就业状况的影响较大。其中，大兴区的残疾青少年就业的可能性最大，平谷区次之，通州区的残疾青少年就业的可能性最小。按北京市主体功能区来看，整体来说，首都功能核心区（东城、西城）和城市功能拓展区（朝阳、海淀、丰台、石景山）的残疾青少年就业状况比较均衡；城市发展新区（通州、顺义、大兴、昌平、房山）的残疾青少年就业的可能性整体最小且区内差异最大；生态涵养发展区（门头沟、平谷、怀柔、密云、延庆）残疾青少年就业的可能性相对比较均衡且区内差异较小（见图 10-4）。

选取通州区和大兴区样本，试图以残疾青少年就业可能性差距最大的两区为例考察区划之间的差异程度。logistic 回归结果显示，在调整了性别、年龄、户口性质、识字状况、家庭人均收入、婚姻状况和残疾因素的影响之后，通州区与大兴区两区之间的残疾青少年就业状况差异显著，大兴区的残疾青少年实现就业的可能性是通州区的 11 倍以上［11.414（6.543，19.909）（$p<0.001$）］。

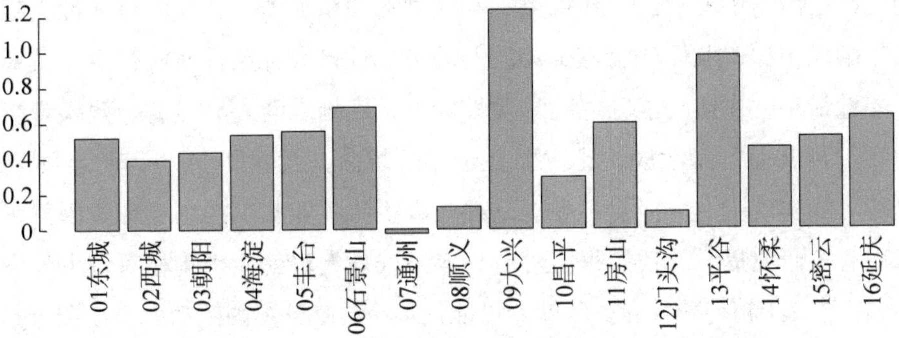

图 10-4　2015 年北京市残疾青少年就业状况的区划模式

注：部分依赖图的纵轴为将研究中的其他变量边缘化之后就业状况与区划的部分依赖程度。

第六节　讨论与小结

本章研究对北京市 16—24 岁持证残疾青少年的就业状况和影响因素进行了描述与模型探析。研究先报告了北京市有就业意愿的残疾青少年的就业比例为 62.7%，高于北京市 16—59 岁劳动年龄残疾人的就业比例（40.2%），但低于社会平均就业水平。[1] 从就业形式来看，城市残疾青少年以按比例就业（29.0%）和其他形式就业（21.9%）为主，农村残疾青少年以其他形式就业（26.9%）和从事种植养殖业（19.6%）为主。这与北京市 16 岁以上残疾人的就业形式基本一致。按比例就业是北京市城镇残疾人的主要就业形式（56%），北京市农村残疾人则以种植养殖业为主要就业形式（38.3%）。[2] 可见，残疾青少年相比于其他年龄段的残疾人实现就业的可能性更大，有一定就业优势，但是就业形式与劳动年龄段残疾人总体情况基本一致，就业途径和所能从事的工作较为单一。

列联分析表明，除性别和识字状况外，本次研究关注的其他因素与残疾青少年的就业比例显著相关。进一步的模型分析表明，残疾青少年的就业比

❶ 陈功，张旭 . 北京市残疾人基本服务状况及需求分析［J］. 残疾人研究，2016（2）:73–79.

❷ 陈功，张旭 . 北京市残疾人基本服务状况及需求分析［J］. 残疾人研究，2016（2）:73–79.

例与诸多因素中的年龄、残疾类别和区划的关系显著：就业的可能性大致与其年龄成正比；肢体残疾青少年就业的可能性最大，精神残疾青少年就业的可能性最小；主体功能区之间异质性较大，区划之间差异显著。残疾青少年的年龄与就业可能性成正比主要在于年龄越大，就业需求和劳动能力越强，也越可能实现就业。而残疾类别是残疾青少年就业状况的主要影响因素，与以往有关研究提示的残疾程度对劳动年龄残疾人口就业影响相对较大的发现一致，[1] 其中精神残疾青少年就业可能性最小与基于英国劳动力市场调查数据的研究发现一致。[2] 区划差异可能在于不同区的经济发展水平、就业结构和残疾人就业帮扶力度等的不同，导致残疾青少年的就业可能性不同。这与在残疾人就业研究中揭示的地区经济发展水平[3] 以及就业扶贫对残疾人就业的影响相对较大的研究发现相印证。[4]

值得讨论的是，本研究模型的准确率较低且特异性较低，即当残疾青少年具备相关因素的某特征时，模型判断其处于就业状态的可能性较大；而某些不具备本研究中就业特征的残疾青少年，模型认为他们亦是处于就业状态（只是模型做出这种错误判断时的把握性相对模型做出正确判断时的把握性要小得多），但实际上他们受本研究未纳入的其他因素的影响，处于未就业状态。这一数据结果主要在于模型中未能充分纳入有关因素，正如有研究揭示残疾人家庭规模越大，就业的可能性越小。[5] 此外有关公共服务对残疾人就业影响的研究显示，残疾人公共服务状况对残疾人就业存在一定的影响，其中职业技能培训、生活知识普及教育对残疾人就业有显著性的促进作用；[6]

---

[1] 白先春，邓晓艳，宦颖洁．我国残疾人就业影响因素的实证研究［J］．残疾人研究，2018（2）：92-96.

[2] JONES M K，LATREILLE P L，SLOANE P J. Disability，Gender and the Labour Market［J］. IZA Discussion paper，2003（936）．转引自：徐星月．残疾人就业影响因素研究文献综述［J］．社会保障研究，2016（6）：103-109.

[3] 赖德胜，廖娟，刘伟．我国残疾人就业及其影响因素分析［J］．中国人民大学学报，2008（1）：10-15.

[4] 白先春，邓晓艳，宦颖洁．我国残疾人就业影响因素的实证研究［J］．残疾人研究，2018（2）：92-96.

[5] 廖娟．残疾人就业及其影响因素研究［J］．残疾人研究，2014（4）：38-43.

[6] 胡仕勇，梅紫．公共服务状况对残疾人就业影响研究［J］．调研世界，2015（4）：20-25.

同时英国教育部门施行的支持性实习可以帮助16—24岁有学习困难或者残疾的青少年获得有偿工作。[1]这提示残疾青少年就业研究可结合家庭和社会，尤其是残疾人社会服务等因素进一步考察。

总之，2015年全国残疾人基本服务状况和需求专项调查北京市数据表明，北京市有就业意愿的残疾青少年的就业比例（62.7%）相对较高，就业形式与北京市劳动力残疾人口就业形式基本一致，就业途径和所能从事的工作较为单一。本章研究关注的其他因素在列联分析中与残疾青少年就业比例显著相关；但随机森林模型表明，就业比例只与区划、年龄和残疾类别关系显著，模型准确率较高而特异性较低。研究结果提示，残疾青少年就业途径和所能从事的工作较为单一；个人的就业需求大、劳动能力强、社会经济发展水平高和政府帮扶力度大能显著促进残疾青少年就业。对于模型准确率较高而特异性较低，今后可结合家庭和社会维度进一步考察残疾青少年就业状况的影响因素。

[1] 黄小妹，江琴娣．英国16—24岁残疾人支持性实习及启示［J］．现代特殊教育，2016（6）：33-40.

第十一章　北京市残疾青少年文化体育活动参与状况与影响因素研究

第一节　引言

残疾人文化体育活动参与是残疾人生活的重要组成部分，也是实现自身权利和锻炼社会生活能力的重要途径，对残疾人心理、社会交往、生活适应能力，甚至对促进社会文明等方面都有着不可估量的作用。2008 年《中共中央国务院关于促进残疾人事业发展的意见》中提出，要繁荣残疾人文化体育事业，组织残疾人开展形式多样、健康有益的群众性文化、艺术、娱乐活动，丰富残疾人精神文化生活，激发残疾人参与社会主义先进文化建设的热情和潜能。[1]《中华人民共和国残疾人保障法（修订版）》也强调国家要保障残疾人享有平等参与文化生活的权利，残疾人文化、体育、娱乐活动应面向基层，融于社会公共文化生活，适应各类残疾人的不同特点和需要，使残疾人广泛参与。[2]可见，了解残疾人的文化体育活动参与情况，探索其影响因素，对贯彻落实党和国家的方针政策，发展残疾人事业，提高残疾人的精神生活质量具有重要意义。

以往相关研究多关注残疾人参与体育活动现状、影响因素、对策以及残疾人文化建设等。具体来看，残疾人参与体育活动程度不高，但参与需求

---

❶ 中共中央办公厅秘书局．中共中央国务院关于促进残疾人事业发展的意见［EB/OL］．［2008-04-23］.http://www.gov.cn/jrzg/2008-04/23/content_952483.htm.

❷ 中共中央办公厅秘书局．中华人民共和国残疾人保障法（修订版）［EB/OL］．［2008-12-11］．http://www.gov.cn/test/2008-12/11/content_1174760.htm.

高；[1]影响残疾人参与体育活动的因素较多，包括个人人口学特征（如性别、残疾程度[2]、受教育程度、自身身体状况[3]、自身康复需要[4]）、经济因素[5]、社会因素（如场地器材和健身指导员[6]）、情感因素（如家人与社会支持[7]）等。对残疾人文化活动参与状况及影响因素的研究相对较少，有研究基于2013年全国残疾人状况监测的江苏数据进行现状分析时指出，10.2%的残疾人经常参加社区文化生活，残疾人参与社区文化生活的主要影响因素包括残疾人的年龄、未就业原因、康复状况、社区无障碍设施满意度和社区服务状况。[8]另外，制度困境是制约农村残疾人文化参与的根本原因。[9]这些研究成果为相关政策和理论建构提供参考。虽然已有对农村残疾人文化活动参与的研究，但总的来说，关于残疾人文化体育活动参与的研究，对子人群的关注度还不够，残疾青少年的这一相关主题研究还未有人涉及。因而本研究将重点考察残疾青少年的文化体育活动参与状况并对促进参与文体活动的主要因素进行甄别，旨在为残疾人文化体育活动参与的政策细分和理论完善提供参考。

---

❶ 郭忠耀．澳门残疾人参与体育活动的现状［J］．首都体育学院学报，2015（1）：23–28.

❷ 郭忠耀．澳门残疾人参与体育活动的现状［J］．首都体育学院学报，2015（1）：23–28.

❸ 于军，李永献，孙闽君．山东省残疾人群众体育现状及发展对策研究［J］．体育科学，2009（8）：65–72.

❹ 戴昕．北京市社区残疾人体育健身现状与对策研究［J］．体育文化导刊，2012（8）：22–28.

❺ 于军，李永献，孙闽君．山东省残疾人群众体育现状及发展对策研究［J］．体育科学，2009（8）：65–72.

❻ 郭忠耀．澳门残疾人参与体育活动的现状［J］．首都体育学院学报，2015（1）：23–28.

❼ 戴昕．北京市社区残疾人体育健身现状与对策研究［J］．体育文化导刊，2012（8）：22–28.

❽ 侯晶晶．残疾人文化权利社区实现之影响因素研究——基于江苏残疾人状况监测的分析［J］．残疾人研究，2015（1）：6–13.

❾ 周彩姣．制度困境与农村残疾人的文化参与：一项实证研究［J］．湖南师范大学社会科学学报，2011（5）：34–38.

第二节 数据与方法

一、研究对象与样本选择

本研究的目标人群为具有北京市户籍并持有《中华人民共和国残疾人证》的15—24岁青少年（简称北京市残疾青少年），研究从文化体育活动参与状况入手，对上述人群参与文化体育活动的情况以及不能经常参加文化体育活动的原因进行描述，并对残疾人参与文化体育活动的相关促进因素进行模式探讨。数据来源为2015年全国残疾人基本服务状况和需求专项调查北京市数据。研究选取其中15—24岁残疾青少年的文化体育活动参与状况及有关数据进行分析，共计有8540个样本。

二、变量纳入与数据分析

本研究模型分析中的结果变量为残疾青少年文化体育活动参与率，以二分类变量“一年来是否经常参加社区（村）组织的文化体育活动”来测量。残疾青少年文化体育活动参与率有关因素包括：性别、年龄、户口性质、家庭人均收入、婚姻状况、识字状况、就业状况、区划、残疾类别和残疾程度（合称为残疾因素）。如上述数据来源所示，因是对所有持证残疾人的全面调查，普查未能关注以往研究表明的活动场地和指导人员[1]、家庭和社会支持[2]以及制度[3]等因素，这是本研究在数据资料方面的不足。

研究先基于频数分析对北京市残疾青少年文化体育活动参与状况进行描述，然后采用列联分析对残疾青少年文化体育活动参与率与相关因素之间的相关性进行检验。接下来针对参与率与相关因素之间的关系进行模型探索，所采用的是分类数据分析方法随机森林。在探明影响模式之后，依据部分依

[1] 郭忠耀．澳门残疾人参与体育活动的现状［J］．首都体育学院学报，2015（1）：23-28.

[2] 戴昕．北京市社区残疾人体育健身现状与对策研究［J］．体育文化导刊，2012（8）：22-28.

[3] 周彩姣．制度困境与农村残疾人的文化参与：一项实证研究［J］．湖南师范大学社会科学学报，2011（5）：34-38.

赖图提示，进一步采用二元 logistic 回归考察上述影响的具体程度。

第三节　文化体育活动参与状况

一、文化体育活动参与率及不能经常参与的原因

北京市残疾青少年中，文化体育活动的参与率为 21.7%；大部分残疾青少年不经常参加文化体育活动主要是因为没有适合自己的活动项目（25.0%）和其他原因（68.2%）（见表 11-1）。残疾青少年开展文化体育活动的场所和设施较为齐全，也有人组织指导活动的开展。

表 11-1　2015 年北京市残疾青少年文化体育活动参与情况（n=8540）

变量			人数（人）	百分比（%）
是否经常参加文化体育活动		是	1856	21.7
		否	6684	78.3
不能经常参加文化体育活动的原因	没有适合自己的活动项目	是	1672	25.0
		否	5012	75.0
	没有适合的场所和设施	是	383	5.7
		否	6301	94.3
	没人组织指导	是	215	3.2
		否	6469	96.8
	其他	是	4558	68.2
		否	2126	31.8

二、文化体育活动参与率与人群特征显著相关

持证残疾青少年具有一定的人群特征，文化体育活动参与率与部分人群特征显著相关。在文化体育活动参与率的人群差异上，除了家庭人均收入差异不显著外，残疾青少年的文化体育活动参与率在研究关注的其他相关因素上差异显著，尤其在区划上，子人群的最大差异超过 40%。女性残疾青少年文化体育活动参与率（23.0%）高于男性残疾青少年文化体育参与率（20.9%）；15—24 岁，残疾青少年的文化体育活动参与率整体呈上升趋势，

16 岁时文化体育活动参与率（18.3%）最低，24 岁时最高；城市残疾青少年文化体育活动参与率（23.3%）显著高于农村残疾青少年；识字和不识字残疾青少年文化体育活动参与率差异较大，识字的残疾青少年的文化体育参与率（24.2%）约是不识字残疾青少年文化体育参与率（12.5%）的 2 倍；就业的残疾青少年文化活动参与率（30.2%）是未就业残疾青少年文化体育参与率（19.0%）的 1.5 倍多；不同家庭人均收入水平的残疾青少年的文化体育活动参与率集中在 21.5%—24.0%，没有显著差异；从婚姻状况来看，处于未婚和已婚有配偶状态的残疾青少年文化体育活动参与率高于处于离婚状态和未到法定结婚年龄的残疾青少年；不同区划的残疾青少年文化体育活动参与率差异较大，平谷区的残疾青少年文化体育活动参与率（50.3%）显著高于其他区划，是参与率最低的怀柔区的 8 倍多，西城区、朝阳区、海淀区和昌平区的残疾青少年文化体育活动参与率也相对较高；残疾类别不同，残疾青少年文化体育活动参与率有显著差异，视力和智力残疾青少年文化体育活动参与率相对较高；从残疾程度来看，残疾程度越轻的残疾青少年文化体育活动参与率越高，极重度残疾人群的文化体育活动参与率（15.7%）显著低于其他残疾程度青少年（见表 11–2）。

表 11–2　2015 年北京市残疾青少年文化体育活动参与特征（n=8540）

变量		人数（人）	百分比（%）	是否参与文化体育活动			
				参与人数（人）	百分比（%）	未参与人数（人）	百分比（%）
性别*	男	4986	58.4	1040	20.9	3946	79.1
	女	3554	41.6	816	23.0	2738	77.0
年龄（岁）***	15	539	6.3	101	18.7	438	81.3
	16	584	6.8	107	18.3	477	81.7
	17	674	7.9	124	18.4	550	81.6
	18	775	9.1	162	20.9	613	79.1
	19	806	9.4	172	21.3	634	78.7
	20	847	9.9	190	22.4	657	77.6
	21	846	9.9	187	22.1	659	77.9
	22	976	11.4	222	22.7	754	77.3
	23	1031	12.1	232	22.5	799	77.5

续表

变量		人数（人）	百分比（%）	是否参与文化体育活动			
				参与人数（人）	百分比（%）	未参与人数（人）	百分比（%）
年龄（岁）***	24	1462	17.1	359	24.6	1103	75.4
户口性质***	农业	3320	38.9	638	19.2	2682	80.8
	非农业	5220	61.1	1218	23.3	4002	76.7
识字情况***	识字	6743	79.0	1632	24.2	5111	75.8
	不识字	1797	21.0	224	12.5	1573	87.5
就业状况（m=539）***	就业	2114	26.4	638	30.2	1476	69.8
	未就业	5887	73.6	1117	19.0	4770	81.0
家庭人均收入	低于当地低保标准	1132	13.3	257	22.7	875	77.3
	低于本市低收入标准	254	3.0	61	24.0	193	76.0
	其他	7154	83.8	1538	21.5	5616	78.5
婚姻状况*	未婚	2885	33.8	668	23.2	2217	76.8
	已婚有配偶	411	4.8	100	24.3	311	75.7
	离婚	15	0.2	3	20.0	12	80.0
	未到法定结婚年龄	5229	61.2	1085	20.7	4144	79.3
区划***	东城区	468	5.5	67	14.3	401	85.7
	西城区	630	7.4	175	27.8	455	72.2
	朝阳区	903	10.6	242	26.8	661	73.2
	海淀区	821	9.6	234	28.5	587	71.5
	丰台区	662	7.8	122	18.4	540	81.6
	石景山区	224	2.6	54	24.1	170	75.9
	通州区	529	6.2	64	12.1	465	87.9
	顺义区	509	6.0	65	12.8	444	87.2
	大兴区	584	6.8	92	15.8	492	84.2
	昌平区	400	4.7	130	32.5	270	67.5
	房山区	771	9.0	125	16.2	646	83.8
	门头沟区	285	3.3	45	15.8	240	84.2
	平谷区	573	6.7	288	50.3	285	49.7
	怀柔区	338	4.0	21	6.2	317	93.8
	密云县	455	5.3	54	11.9	401	88.1
	延庆县	388	4.5	78	20.1	310	79.9

续表

变量		人数（人）	百分比（%）	是否参与文化体育活动			
				参与人数（人）	百分比（%）	未参与人数（人）	百分比（%）
残疾类别**	视力残疾	491	5.7	116	23.6	375	76.4
	听力残疾	676	7.9	143	21.2	533	78.8
	言语残疾	74	0.9	13	17.6	61	82.4
	肢体残疾	2347	27.5	458	19.5	1889	80.5
	智力残疾	3682	43.1	866	23.5	2816	76.5
	精神残疾	602	7.0	110	18.3	492	81.7
	多重残疾	668	7.8	150	22.5	518	77.5
残疾程度（m=3）***	极重度	1557	18.2	245	15.7	1312	84.3
	重度	2462	28.8	526	21.4	1936	78.6
	中度	2624	30.7	618	23.6	2006	76.4
	轻度	1894	22.2	467	24.7	1427	75.3

注：* 表示在 $p<0.05$ 的水平上差异显著；** 表示在 $p<0.01$ 的水平上差异显著；*** 表示在 $p<0.001$ 的水平上差异显著。

第四节　影响因素分析

一、依据相关因素能较准确地预测文化体育活动参与状况

在 10 个可能影响北京市残疾青少年文化体育活动参与相关因素的规定下，模型的分类正确率为 77.74%，在某些因素的影响下，北京市残疾青少年参与文化体育活动的可能性较低。实际观测值未参与文化体育活动，但模型预测其参与文化体育活动的可能性为 3.34%；实际观测值参与文化体育活动，但模型预测其未参与文化体育活动的可能性为 89.92%（见表 11-3）。从混淆矩阵来看，模型倾向于将观测值判断为未参与文化体育活动，而即使全部判断为未参与文化体育活动，也能得到较低的误判率。然而，模型在对每一个观测值进行预测时，判断结果有两种可能，即判定观测值参与文化体育活动或未参与文化体育活动。一个极不好的模型可能将所有的观测值都判断为参

与文化体育活动。总而言之，本研究的残疾青少年文化体育活动参与相关因素模型，对观测值进行了较为准确的分类，但文化体育活动参与相关因素的特异性较低。

表 11-3　2015 年北京市残疾青少年文化体育活动参与相关因素模型总体误判率与混淆矩阵

		模型判断是否参与文化体育活动		分类误判率（%）
		否（人）	是（人）	
观测值是否参与文化体育活动	否（人）	6452	232	3.34
	是（人）	1669	187	89.92
模型总体袋外误判率				22.26

注：研究目标为甄别北京市残疾青少年文化体育活动参与的主要促进因素。参数设置 mtry 决策树节点随机抽取的变量数为 3，ntree 决策树的数目为 500。

二、分类准确性高但特异性低

结合模型的误判率（见表 11-3）和可信度（见图 11-1），进一步考察残疾青少年文化体育活动参与相关因素对残疾青少年的影响方式。在研究关注的文化体育活动参与相关因素的影响下，模型对未参与文化体育活动的残疾青少年不仅能进行正确分类（正确率 96.66%），而且分类时做出判断的把握很大；同时，模型对参与文化体育活动的残疾青少年进行判断时正确率很低（10.08%），判断时很可能会误判。即当残疾青少年具备研究中相关因素的某特征时，其参与文化体育活动的可能性较小。然而，研究规定的文化体育活动参与相关因素，不足以将未参与文化体育活动子群体从参与文化体育活动的子群体中区分出去，也就是说，某些不具备文化体育活动参与相关因素特征的残疾青少年，模型出于一定把握认为他们未参与文化体育活动，但实际上他们在本研究未纳入的某些其他因素的影响下参与过文化体育活动。

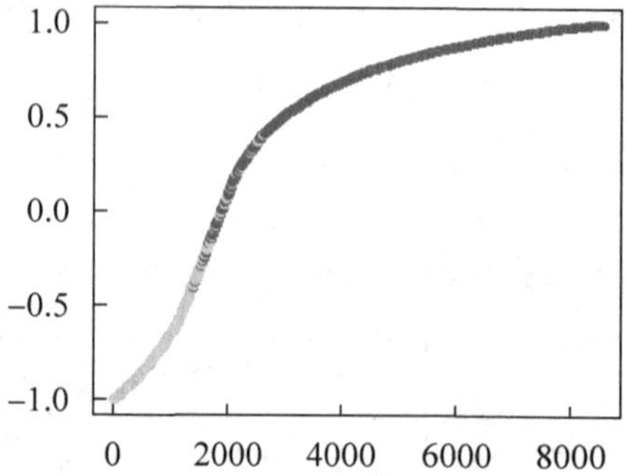

图 11-1　2015 年北京市残疾青少年文化体育活动参与相关因素模型可信度

注：纵轴为可信度，指观测值在随机森林节点上分类正确率与最大误判率之差；横轴为观测值。纵轴数值为正数说明该观测值被正确归类，为负数则说明该观测值被错误分类。图形中可信度在 0—1.0 的大部分的点对应的为未参与文化体育活动的观测值，可信度在 −1.0—0 的绝大部分的点对应的为参与文化体育活动的观测值。点所对应的纵坐标绝对值越接近 1.0 则模型做出判断时的把握越大；越接近 1.0 表明观测值越可能被模型做出正确判断，越接近 −1.0 则越可能被误判，靠近 0 则模型的判断结果存在一定的偶然性。图中浅灰色点对应的表示参与文化体育活动的观测值，深灰色点对应的表示未参与文化体育活动的观测值。

三、区划和年龄对文化体育活动参与率的影响相对最大

文化体育活动参与率相对重要性因子值排序表明，区划在本次研究分析的 10 个解释变量中对残疾青少年文化体育活动参与的影响最大，年龄、残疾类别、残疾程度和就业状况次之，然后是家庭人均收入、性别、婚姻状况、户口性质和识字状况（见表 11-4）。以变量重要性因子值的上四分位（178.44）为临界值，确定残疾青少年文化体育活动参与的首要相关因素发现，残疾青少年的所在区划、年龄和残疾类别对其文化体育活动参与的影响较大。

表 11-4　2015 年北京市残疾青少年文化体育活动参与相关因素模型变量重要性因子值

变量	未使用	使用	Gini 指数
区划	43.24	23.14	410.95
年龄	24.46	−15.75	254.11
残疾类别	18.10	2.54	186.68
残疾程度	12.01	−2.95	153.72

续表

变量	未使用	使用	Gini 指数
就业状况	47.32	2.83	110.79
家庭人均收入	10.12	−8.44	77.63
性别	2.48	−1.69	73.89
婚姻状况	15.98	−11.14	62.67
户口性质	34.82	−12.35	60.91
识字状况	22.68	5.60	46.12

注：Gini 指数是随机森林在分类时度量每棵决策树中关于某变量的分类纯度递减量之和。值越大，说明该变量对观测值分类的准确性把握越大，即该变量对预测结果的影响越大。本研究依据该指标值进行变量重要性判断。

第五节　主要因素影响模式

结合上述模型重要性因子与前文相关分析结果，接下来分别考察残疾青少年所在区划、年龄、残疾类别以及残疾程度对其文化体育活动参与的影响模式与差异程度。

一、区划的影响显著

不同区划的残疾青少年参与文化体育活动的可能性差异较大且影响显著。其中，平谷区的残疾青少年参与文化体育活动的可能性最大，怀柔区最小。按北京市主体功能区来看，整体来说，生态涵养发展区（门头沟、平谷、怀柔、密云、延庆）的残疾青少年参与文化体育活动的可能性最大，城市发展新区（通州、顺义、大兴、昌平、房山）的残疾青少年参与文化体育活动的可能性最小；首都功能核心区（东城、西城）和城市功能拓展区（朝阳、海淀、丰台、石景山）残疾青少年参与文化体育活动的可能性区内差异较小，而城市发展新区和生态涵养发展区残疾青少年参与文化体育活动的可能性区内差异较大（见图 11–2）。

选取平谷区和通州区样本，试图以残疾青少年参与文化体育活动可能性差距较大的两区为例，考察区划之间的差异程度。logistic 回归结果显示，在调整了性别、年龄、户口性质、识字状况、就业状况、家庭人均收入、婚姻状况、残疾因素的影响之后，两区之间的残疾青少年文化体育活动参与情况差异显著，平谷区的残疾青少年参加文体活动的可能性是通州区的 7 倍以上［7.230（5.184，10.083）（p<0.001）］。可见，残疾青少年所在区划对残疾青少年的文化体育活动参与有显著影响。

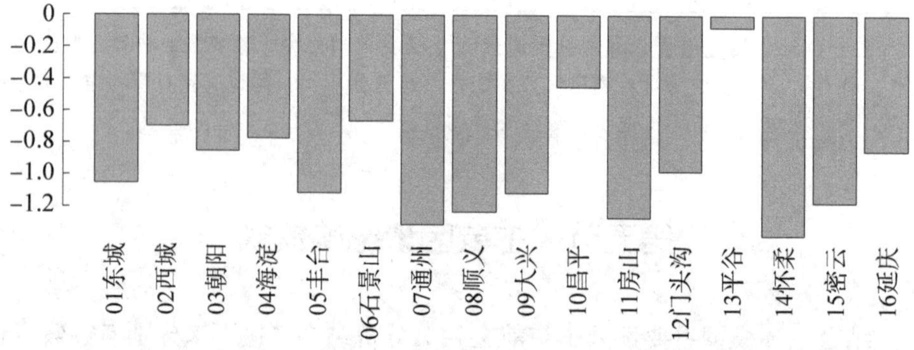

图 11-2　2015 年北京市残疾青少年文化体育活动参与的区划模式

注：部分依赖图的纵轴为将研究中的其他变量边缘化之后文化体育活动参与可能性与区划的部分依赖程度。

二、年龄分布呈近似 U 字形

残疾青少年的年龄与其文化体育活动参与的关系呈近似 U 字形，但差异不显著。年龄为 15 岁时，残疾青少年参与文化体育活动的可能性最大；15—19 岁，残疾青少年参与文化体育活动的可能性迅速降低；年龄为 19 岁时，残疾青少年参与文化体育活动的可能性最小；19—24 岁，残疾青少年参与文化体育活动的可能性整体逐渐上升，但 21 岁时稍有下降（见图 11-3）。

选取 15—19 岁残疾青少年为样本，试图以该年龄段为例考察年龄之间的差异程度。logistic 回归结果显示，在调整了性别、户口性质、识字状况、就业状况、家庭人均收入、婚姻状况、区划、残疾因素的影响之后，该年龄段分年龄的残疾青少年文化体育活动参与差异不显著（p=0.774）。

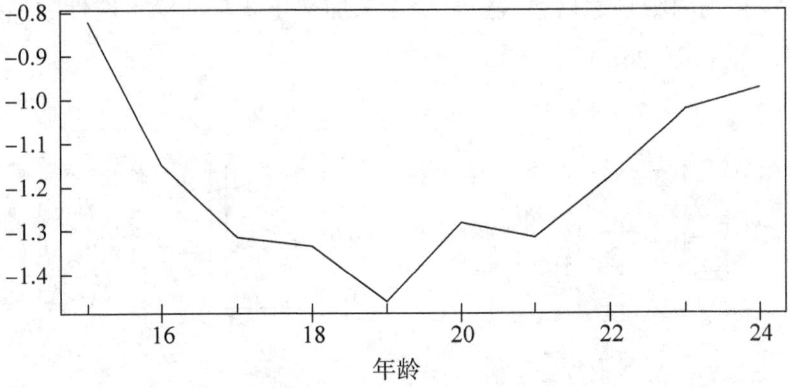

图 11-3　2015 年北京市残疾青少年文化体育活动参与的年龄模式

注：部分依赖图的纵轴为将研究中的其他变量边缘化之后文化体育活动参与可能性与年龄的部分依赖程度。

三、多重残疾和残疾程度轻者参与可能性大

多重残疾青少年参与文化体育活动的可能性最大；残疾程度越轻，参与文化体育活动的可能性越大。不同残疾类别的残疾青少年参与文化体育活动的可能性有一定差异。其中，肢体残疾青少年参与文化体育活动的可能性明显低于其他类别的残疾青少年，智力残疾青少年参与文化体育活动的可能性也相对较低。从残疾程度来看，残疾程度越轻，参与文化体育活动的可能性越大（见图 11-4）。

选取肢体残疾青少年和多重残疾青少年为样本，试图以残疾青少年参与文化体育活动可能性差距较大的两者为例，考察不同残疾类别之间的差异程度。logistic 回归结果显示，在调整了性别、年龄、户口性质、识字状况、就业状况、家庭人均收入、婚姻状况、区划、残疾程度的影响之后，残疾青少年参加文化体育活动可能性的残疾类别差异显著；多重残疾青少年参加文化体育活动的可能性是肢体残疾青少年参加文化体育活动的可能性的 1.7 倍以上［1.740（1.331，2.276）（$p<0.001$）］。

考察不同残疾程度之间的差异程度，logistic 回归结果显示，在调整了性别、年龄、户口性质、识字状况、就业状况、家庭人均收入、婚姻状况、区

划、残疾类别的影响之后，残疾青少年参加文化体育活动可能性的残疾程度差异不显著（$p<0.246$）。

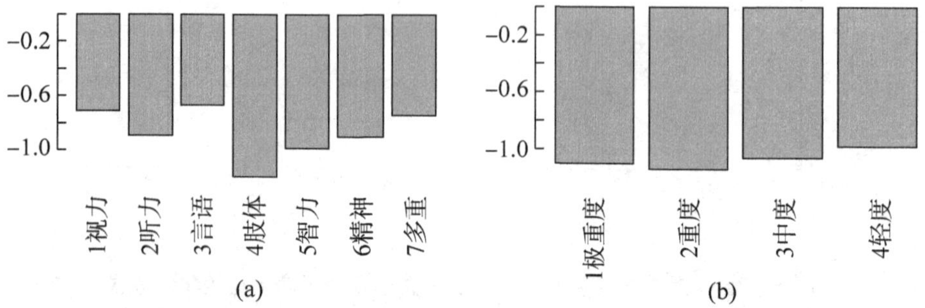

图 11-4　2015 年北京市残疾青少年文化体育活动参与的残疾因素模式

注：部分依赖图的纵轴为将研究中的其他变量边缘化之后文化体育活动参与可能性与残疾因素的部分依赖程度。

第六节　讨论与小结

本章研究对北京市 15—24 岁持证残疾青少年的文化体育活动参与状况和影响因素进行了描述与模型探析。研究先报告了残疾青少年相对较低的文化体育活动参与率（21.7%），没有适合自己的活动项目和其他原因是残疾青少年不能经常参加文体活动的主要原因，场地和指导人员的影响则相对较小。这与以往研究残疾人文化体育活动参与的发现有一致之处，但也略有差异。残疾人参与体育活动程度不高，社会对残疾人体育关注程度低，❶2013 年全国残疾人状况监测的江苏数据表明，10.2% 的残疾人经常参加社区文化生活；❷缺乏场地器材和专业指导员以及无合适的活动项目等为影响残疾人参与

❶ 郭忠耀．澳门残疾人参与体育活动的现状［J］．首都体育学院学报，2015（1）：23-28.

❷ 侯晶晶．残疾人文化权利社区实现之影响因素研究——基于江苏残疾人状况监测的分析［J］．残疾人研究，2015（1）：6-13.

体育活动的主要社会因素。[1]可见，社会应加大对残疾人文化体育活动服务设施的关注和供给。

列联分析表明，除家庭人均收入外，研究关注的其他因素均与残疾青少年的文化体育活动参与率显著相关。进一步的模型分析表明，残疾青少年的文化体育活动参与率仅与诸多因素中的区划和残疾类别关系显著：平谷区的残疾青少年参与文化体育活动的可能性最大，怀柔区最小，主体功能区内部异质性较大；多重残疾青少年参与文化体育活动的可能性最大，是肢体残疾青少年的 1.7 倍以上。这可能在于不同区的经济发展水平、残疾人文体活动设施建设经费的提供等不同，导致残疾青少年参与文化体育活动的可能性不同。这与以往残疾人文化体育活动参与研究所揭示的经费不足、缺乏场地器材和专业指导人员是制约残疾人参与体育活动的主要社会因素[2]的发现相印证。不同残疾类别的青少年活动能力也大不相同，残疾类别是残疾青少年参与文化体育活动的主要影响因素。这与以往有关研究的发现相一致：各类别的残疾人社区文化生活参与率有显著的不平衡性，听力、肢体尤其视力残疾人参加社区文化生活的程度处于弱中之弱的状态；[3]从残疾类别分布看，智力残疾及精神残疾者参与社区或残联活动中心活动的人数极少。[4]这提示，残疾类别已成为残疾人参与文体活动无法逾越的障碍。

值得讨论的是，本研究模型的准确率较高而特异性较低，即当残疾青少年具备研究相关因素的某特征时，模型判断其未参与文化体育活动的可能性较大；而某些不具备研究中文化体育活动参与特征的残疾青少年，模型认为他们亦未参与文化体育活动（只是模型做出这种错误判断时的把握性相对模型做出正确判断时的把握性要小），但实际上他们受本研究未纳入的其他因

---

❶ 戴昕．北京市社区残疾人体育健身现状与对策研究［J］．体育文化导刊，2012（8）：22-28.

❷ 于军，李永献，孙闽君．山东省残疾人群众体育现状及发展对策研究［J］．体育科学，2009（8）：65-72.

❸ 侯晶晶．残疾人文化权利社区实现之影响因素研究——基于江苏残疾人状况监测的分析［J］．残疾人研究，2015（1）：6-13.

❹ 戴昕．北京市社区残疾人体育健身现状与对策研究［J］．体育文化导刊，2012（8）：22-28.

素的影响而参与过文化体育活动。这一数据结果主要在于模型中未能充分纳入有关因素。正如曾有研究揭示，制度困境是制约农村残疾人文化参与的根本原因，[1]家人与社会支持及自身康复需要是促进残疾人参加体育健身活动的主要因素。[2]这揭示残疾青少年文化体育参与研究可结合情感和社会制度等因素进一步考察。

总之，残疾人参与文化体育活动对提高残疾人生活能力、减轻家庭负担以及促进社会文明进步等方面都具有重要意义。2015 年全国残疾人基本服务状况和需求专项调查北京市数据表明，北京市残疾青少年文化体育活动参与率（21.7%）相对较低，没有合适活动项目是其未经常参与文体活动的主要原因，提示社会应加强对残疾人文体活动设施和服务的关注。同时，除家庭人均收入外，本章研究关注的其他因素，在列联分析中与残疾青少年文化体育活动参与率显著相关。然而随机森林模型表明残疾青少年的文化体育活动参与率仅与其所在区划和残疾类别关系显著，这表明社会经济发展水平高、重视残疾人的文体活动参与和自身活动能力强能显著促进残疾人文化体育活动的参与。模型准确率较高而特异性较低，今后研究可结合情感和社会制度等方面进一步考察残疾青少年文化体育活动参与状况的影响因素。

[1] 周彩姣．制度困境与农村残疾人的文化参与：一项实证研究［J］．湖南师范大学社会科学学报，2011（5）：34–38.

[2] 戴昕．北京市社区残疾人体育健身现状与对策研究［J］．体育文化导刊，2012（8）：22–28.

第十二章　北京市残疾青少年家庭无障碍改造与影响因素研究

第一节　引言

残疾人家庭无障碍改造对方便残疾人日常生活、提高生活质量、促进社会参与具有重要意义，是减轻家庭负担的重要途径，也是当代中国社会文明进步的重要标志。2008 年《中共中央国务院关于促进残疾人事业发展的意见》中指出，要加快推进与残疾人日常生活密切相关的住宅、社区、学校、福利机构、公共服务场所和设施的无障碍建设和改造，有条件的地方要对贫困残疾人家庭住宅无障碍改造提供资助。[1] 从 2008 年开始，全国各地在国家宏观政策的指导下，根据行业发展的实际情况，积极推进残疾人家庭无障碍改造活动的实施。[2] 可见，了解目前残疾人家庭无障碍改造状况及其影响因素，对评估残疾人家庭无障碍改造的成果及促进相关政策的完善有重要意义。

目前对残疾人家庭无障碍改造的相关研究较少，已有文献多是关注无障碍环境建设的状况和某个地区残疾人家庭无障碍改造状况的报告，实证研究较少。无障碍环境包括物质环境无障碍、信息交流无障碍和无障碍社区服务，家庭无障碍改造是无障碍社区服务的一部分，是对无障碍建设的深化，贴合残疾人的日常生活需求；近年来，无障碍环境建设取得了巨大成绩，但

[1] 中共中央办公厅秘书局 . 中共中央国务院关于促进残疾人事业发展的意见［EB/OL］.［2008-04-23］.http://www.gov.cn/jrzg/2008-04/23/content_952483.htm.

[2] 杨浩 . 残疾人家庭无障碍改造设计研究［D］. 北京：清华大学，2014.

仍然存在信息交流无障碍建设、残疾人家庭无障碍改造、农村无障碍建设滞后等诸多问题。[❶]家庭无障碍改造工作繁重，斥资巨大，政府财政支持力度不够[❷]；因残疾类别[❸]和残疾程度[❹]不同，家庭无障碍改造须制定个性化建设方案。这些都是残疾人家庭无障碍改造发展缓慢的原因。这为相关政策和理论建构提供参考。但总的来看，关于残疾人家庭无障碍改造的实证研究较少，对子人群特征的关注也不够。因而本研究将重点考察残疾青少年这一残疾人重要子群体的家庭无障碍改造状况，并对促进家庭无障碍改造的主要因素进行甄别，旨在为残疾人家庭无障碍改造的政策细分和理论完善提供参考。

第二节　数据与方法

一、样本选取

本研究的目标人群为具有北京市户籍并持有《中华人民共和国残疾人证》的15—24岁青少年（简称北京市残疾青少年）。研究从家庭无障碍改造情况入手进行描述性分析，并对其相关促进因素进行模式探讨。数据来源为2015年全国残疾人基本服务状况和需求专项调查北京市数据。研究选取其中15—24岁残疾青少年的家庭无障碍改造情况及有关数据进行分析，共计8540个样本。

二、变量纳入

本研究模型分析的结果变量为残疾青少年所在家庭进行无障碍改造的比例，以二分类变量“近年来您家是否进行过无障碍改造”来测量。残疾青少年家庭进行无障碍改造有关因素包括：性别、年龄、户口性质、家庭人均收入、婚姻状况、识字状况、就业状况、区划、残疾类别和残疾程度（合称为

---

❶ 张东旺 . 中国无障碍环境建设现状、问题及发展对策［J］. 河北学刊，2014（1）：122-125.

❷ 张东旺 . 中国无障碍环境建设现状、问题及发展对策［J］. 河北学刊，2014（1）：122-125.

❸ 游东梅 . 无障碍贴心进家庭［J］. 中国残疾人，2014（11）：47.

❹ 罗新欣，冯实 . 普陀：家庭无障碍，文体进社区［J］. 中国残疾人，2012（9）：40-42.

残疾因素）。如前述数据来源所示，因是对所有持证残疾人的全面调查，普查未能关注以往研究表明的政府财政支持[1]等因素，这是本研究在数据资料方面的不足。

三、数据分析方法

本研究先基于频数分析对北京市残疾青少年家庭近年来无障碍改造服务的利用情况进行描述，然后采用列联分析对该服务利用情况与相关因素之间的相关性进行检验。接下来针对利用率与相关因素之间的关系进行模型探索，所采用的是分类数据分析方法随机森林。最后，在探明影响模式之后，依据部分依赖图提示，进一步采用二元 logistic 回归考察上述影响的具体程度。

第三节　家庭无障碍改造状况

一、家庭无障碍改造比例较低

2015 年，有 16.0% 的北京市残疾青少年所在的家庭进行过家庭无障碍改造，大部分家庭没有进行过（见表 12-1）。

表 12-1　2015 年北京市残疾青少年家庭无障碍改造情况（n=8540）

是否进行家庭无障碍改造	人数（人）	百分比（%）
是	1366	16.0
否	7174	84.0

二、使用家庭无障碍改造的人群特征显著

在使用家庭无障碍改造状况的人群差异上，残疾青少年在性别、年龄、识字状况、就业状况和婚姻状况上差异不显著；在户口性质、家庭人均收入、区划、残疾类别和残疾程度上差异显著，尤其在残疾类别上，子人群的

[1] 张东旺．中国无障碍环境建设现状、问题及发展对策［J］．河北学刊，2014（1）：122-125.

最大差异超过20%。女性残疾青少年对家庭无障碍改造的使用率（16.4%）略高于男性，但二者没有显著差异；15—24岁残疾青少年的家庭无障碍改造使用率集中在13.5%—18.1%，差异较小，16岁时使用率最低（13.5%），22岁时使用率最高（18.1%）；农村残疾青少年的家庭无障碍改造使用率（18.6%）显著高于城市残疾青少年的家庭无障碍改造使用率（14.3%）；不识字的残疾青少年的家庭无障碍改造使用率（17.0%）略高于识字的残疾青少年的家庭无障碍改造使用率（15.7%），差异较小；处于就业状态的残疾青少年的家庭无障碍改造使用率（16.6%）略高于未就业的残疾青少年的家庭无障碍改造使用率（15.9%），差异较小；家庭人均收入低于当地低保标准的残疾青少年的家庭无障碍改造使用率（22.2%）显著高于其他两类收入水平的残疾青少年的家庭无障碍改造使用率；从婚姻状况来看，四种婚姻状况的残疾青少年的家庭无障碍改造使用率集中在12.7%—16.9%，彼此之间没有显著差异；不同区划的残疾青少年的家庭无障碍改造使用率差异较大，密云区的残疾青少年家庭无障碍改造使用率（27.5%）最高，显著高于其他区，约是使用率最低的石景山区的3倍；不同残疾类别的青少年家庭无障碍改造使用率差异较大，听力残疾、多重残疾和肢体残疾青少年家庭无障碍改造使用率显著高于其他四类残疾青少年，智力残疾和精神残疾青少年家庭无障碍改造使用率则明显较低；从残疾程度来看，家庭无障碍改造使用率从高到低依次为极重度残疾青少年、重度残疾青少年、轻度残疾青少年和中度残疾青少年（见表12-2）。

表12-2　2015年北京市残疾青少年家庭无障碍改造的社会人口学特征（n=8540）

变量		人数（人）	百分比（%）	家庭无障碍改造			
				使用人数（人）	百分比（%）	未使用人数（人）	百分比（%）
性别	男	4986	58.4	782	15.7	4204	84.3
	女	3554	41.6	584	16.4	2970	83.6
年龄（岁）	15	539	6.3	78	14.5	461	85.5
	16	584	6.8	79	13.5	505	86.5
	17	674	7.9	95	14.1	579	85.9
	18	775	9.1	130	16.8	645	83.2
	19	806	9.4	128	15.9	678	84.1

续表

变量		人数（人）	百分比（%）	家庭无障碍改造			
				使用人数（人）	百分比（%）	未使用人数（人）	百分比（%）
年龄（岁）	20	847	9.9	140	16.5	707	83.5
	21	846	9.9	143	16.9	703	83.1
	22	976	11.4	177	18.1	799	81.9
	23	1031	12.1	162	15.7	869	84.3
	24	1462	17.1	234	16.0	1228	84.0
户口性质***	农业	3320	38.9	619	18.6	2701	81.4
	非农业	5220	61.1	747	14.3	4473	85.7
识字情况	识字	6743	79.0	1061	15.7	5682	84.3
	不识字	1797	21.0	305	17.0	1492	83.0
就业状况（m=539）	就业	2114	26.4	350	16.6	1764	83.4
	未就业	5887	73.6	938	15.9	4949	84.1
家庭人均收入***	低于当地低保标准	1132	13.3	251	22.2	881	77.8
	低于本市低收入标准	254	3.0	36	14.2	218	85.8
	其他	7154	83.8	1079	15.1	6075	84.9
婚姻状况	未婚	2885	33.8	487	16.9	2398	83.1
	已婚有配偶	411	4.8	52	12.7	359	87.3
	离婚	15	0.2	2	13.3	13	86.7
	未到法定结婚年龄	5229	61.2	825	15.8	4404	84.2
区划***	东城区	468	5.5	111	23.7	357	76.3
	西城区	630	7.4	128	20.3	502	79.7
	朝阳区	903	10.6	131	14.5	772	85.5
	海淀区	821	9.6	107	13.0	714	87.0
	丰台区	662	7.8	72	10.9	590	89.1
	石景山区	224	2.6	20	8.9	204	91.1
	通州区	529	6.2	73	13.8	456	86.2
	顺义区	509	6.0	89	17.5	420	82.5
	大兴区	584	6.8	88	15.1	496	84.9
	昌平区	400	4.7	61	15.2	339	84.8
	房山区	771	9.0	110	14.3	661	85.7
	门头沟区	285	3.3	31	10.9	254	89.1
	平谷区	573	6.7	114	19.9	459	80.1
	怀柔区	338	4.0	47	13.9	291	86.1
	密云县	455	5.3	125	27.5	330	72.5

续表

变量		人数（人）	百分比（%）	家庭无障碍改造			
				使用人数（人）	百分比（%）	未使用人数（人）	百分比（%）
区划***	延庆县	388	4.5	59	15.2	329	84.8
残疾类别***	视力残疾	491	5.7	64	13.0	427	87.0
	听力残疾	676	7.9	202	29.9	474	70.1
	言语残疾	74	0.9	10	13.5	64	86.5
	肢体残疾	2347	27.5	578	24.6	1769	75.4
	智力残疾	3682	43.1	292	7.9	3390	92.1
	精神残疾	602	7.0	34	5.6	568	94.4
	多重残疾	668	7.8	186	27.8	482	72.2
残疾程度（m=3）***	极重度	1557	18.2	383	24.6	1174	75.4
	重度	2462	28.8	467	19.0	1995	81.0
	中度	2624	30.7	282	10.7	2342	89.3
	轻度	1894	22.2	234	12.4	1660	87.6

注：*** 表示在 $p<0.001$ 的水平上差异显著。

第四节　影响因素分析

一、依据相关因素能较准确地预测家庭无障碍改造状况

在 10 个可能影响北京市残疾青少年家庭无障碍改造相关因素的规定下，模型的分类正确率为 83.89%，在某些因素的影响下，北京市残疾青少年使用过家庭无障碍改造的可能性较小。实际观测值未使用过家庭无障碍改造，但模型预测其使用过家庭无障碍改造的可能性为 2.16%，实际观测值使用过家庭无障碍改造，但模型预测其未使用过家庭无障碍改造的可能性为 89.39%（见表 12–3）。从混淆矩阵来看，模型倾向于将观测值判断为未使用过家庭无障碍改造，而即使全部判断为未使用过家庭无障碍改造，也能得到较低的误判率。然而，模型在对每一个观测值进行预测时，判断结果有两种可能即判定观测值使用或未使用家庭无障碍改造。一个极不好的模型可能将所有的观

测值都判断为使用过家庭无障碍改造。从这个角度讲，本次研究中的残疾青少年家庭无障碍改造相关因素模型对观测值进行了较为准确的分类。总之在数据可获得性前提下，研究对残疾青少年近年来是否接受过家庭无障碍改造进行了较准确识别，但家庭无障碍改造相关因素的特异性较低。

表 12-3　2015 年北京市残疾青少年家庭无障碍改造相关因素模型总体误判率与混淆矩阵

		模型判断是否使用家庭无障碍改造		分类误判率（%）
		未使用（人）	使用（人）	
观测值是否使用家庭无障碍改造	未使用（人）	7019	155	2.16
	使用（人）	1221	145	89.39
模型总体袋外误判率				16.11

注：研究目标为甄别北京市残疾青少年家庭无障碍改造服务利用的主要促进因素。参数设置 mtry 决策树节点随机抽取的变量数为 3，ntree 决策树的数目为 500。

二、分类准确性高、特异性很低

结合模型的误判率（见表 12-3）和可信度（见图 12-1），进一步考察残疾青少年家庭无障碍改造相关因素对残疾青少年的影响方式。在研究关注的家庭无障碍改造相关因素的影响下，模型对未使用家庭无障碍改造的残疾青少年不仅能进行正确分类（正确率为 97.84%），且分类时做出判断的把握较大；同时，模型对使用过家庭无障碍改造的残疾青少年进行判断时正确率（10.61%）很低，判断时的把握较小。即当残疾青少年具有相关因素某特征时，其使用过家庭无障碍改造的可能性较小。但本研究规定的家庭无障碍改造相关因素不足以将未使用家庭无障碍改造子群体从使用家庭无障碍改造的子群体中区分出来，也就是说，某些不具备研究中家庭无障碍改造促进因素特征的残疾青少年，模型认为他们未使用过家庭无障碍改造，但实际上他们在本次研究未纳入的某些其他因素的影响下，使用过家庭无障碍改造。

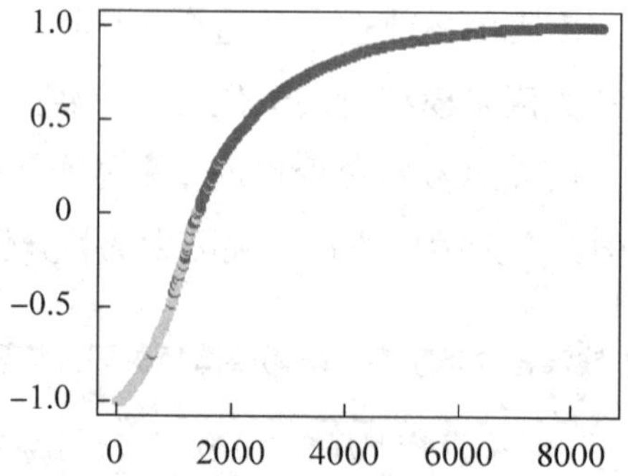

图 12–1　2015 年北京市残疾青少年家庭无障碍改造相关因素模型可信度

注：纵轴为可信度，指观测值在随机森林节点上分类正确率与最大误判率之差；横轴为观测值。纵轴数值为正数说明该观测值被正确归类，为负数则说明该观测值被错误分类。图形中可信度在 0.0—1.0 的大部分的点对应的为未使用家庭无障碍改造服务的观测值，可信度在 −1.0—0.0 的绝大部分的点对应的为使用了家庭无障碍改造服务的观测值。点所对应的纵坐标绝对值越接近 1.0 则模型做出判断时的把握越大；越接近 1.0 表明观测值越可能被模型做出正确判断，越接近 −1.0 则越可能被误判，靠近 0 则模型的判断结果存在一定的偶然性。图中深灰色点对应的表示未使用家庭无障碍改造的观测值，浅灰色点对应的表示使用了家庭无障碍改造的观测值。

三、区划和年龄对家庭无障碍改造状况的影响相对最大

家庭无障碍改造相关因素相对重要性因子值排序表明，区划、年龄和残疾类别在本次研究分析的 10 个解释变量中影响最大，残疾程度次之，然后是就业状况、性别、家庭人均收入、婚姻状况、识字状况和户口性质（见表 12–4）。以变量重要性因子值的上四分位 212.28 为临界值，确定残疾青少年家庭无障碍改造首要相关因素发现，残疾青少年的所在区划、年龄和残疾类别对其家庭无障碍改造状况的影响较大。

表 12–4　2015 年北京市残疾青少年家庭无障碍改造相关因素模型变量重要性因子值

变量	未使用	使用	Gini 指数
区划	11.02	22.34	303.17
年龄	26.13	−5.75	241.36
残疾类别	72.67	47.40	235.09
残疾程度	39.28	24.31	143.84

续表

变量	未使用	使用	Gini 指数
就业状况	22.71	0.68	95.03
性别	2.82	1.93	69.16
家庭人均收入	13.67	6.33	60.94
婚姻状况	19.78	−10.68	55.64
识字状况	20.29	−6.78	47.93
户口性质	0.10	15.32	43.10

注：Gini 指数是随机森林在分类时度量每棵决策树中关于某变量的分类纯度递减量之和。值越大，说明该变量对观测值分类的准确性把握越大，即该变量对预测结果的影响越大。本研究依据该指标值进行变量重要性判断。

第五节　主要因素影响模式

结合上述模型重要性因子与前文相关分析结果，接下来分别考察残疾青少年的所在区划、年龄、残疾类别以及残疾程度对其家庭无障碍改造状况的影响模式与差异程度。

一、区划的影响显著

不同区划的残疾青少年使用家庭无障碍改造的可能性差异较大。其中，东城区的残疾青少年使用家庭无障碍改造的可能性最大，密云区次之，海淀区残疾青少年使用家庭无障碍改造的可能性最小。按北京市主体功能区来看，整体来说，首都功能核心区（东城、西城）的残疾青少年使用家庭无障碍改造的可能性最大，生态涵养发展区（门头沟、平谷、怀柔、密云、延庆）和城市发展新区（通州、顺义、大兴、昌平、房山）的残疾青少年使用家庭无障碍改造的可能性居中，城市功能拓展区（朝阳、海淀、丰台、石景山）的残疾青少年使用家庭无障碍改造的可能性最小（见图 12–2）。

选取东城区和石景山区为样本，试图以残疾青少年使用家庭无障碍改造的可能性差距较大的两区为例考察区划之间的差异程度。logistic 回归结果显示，在调整了性别、年龄、户口性质、识字状况、就业状况、家庭人均收入、婚姻状况、残疾因素的影响之后，东城区与石景山区两区的残疾青少年家庭无障碍改造差异显著，东城区的残疾青少年使用家庭无障碍改造的可能性是石景山区的 3.7 倍以上［3.752（2.142，6.573）（p<0.001）］。可见，残疾青少年所在区划对其家庭无障碍改造状况的影响显著。

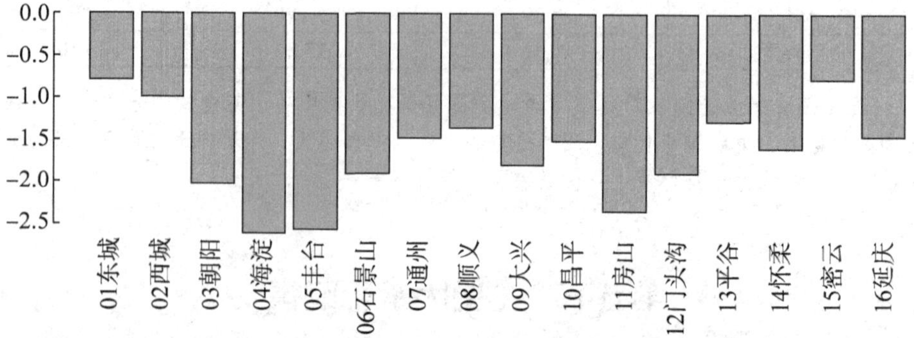

图 12-2　2015 年北京市残疾青少年家庭无障碍改造的区划模式

注：部分依赖图的纵轴为将研究中的其他变量边缘化之后家庭无障碍改造服务利用可能性与所在区划的部分依赖程度。

二、年龄的影响

残疾青少年的年龄与其家庭无障碍改造状况的关系呈近似 U 字形，但差异不显著。15 岁时，残疾青少年家庭无障碍改造的可能性最大；15—18 岁，残疾青少年家庭无障碍改造的可能性逐渐下降；18 岁时，残疾青少年进行家庭无障碍改造的可能性最小；18—24 岁，残疾青少年家庭无障碍改造的可能性整体缓慢上升，21 岁时稍有下降（见图 12-3）。

考察不同年龄之间的差异程度，依图 12-3 提示，15 岁和 18 岁之间的差异相对较大。选取 15 岁和 18 岁为样本，logistic 回归结果显示，在调整了性别、户口性质、识字状况、就业状况、家庭人均收入、婚姻状况、区划、残疾因素的影响之后，15 岁和 18 岁的残疾青少年家庭无障碍改造差异却不显著。

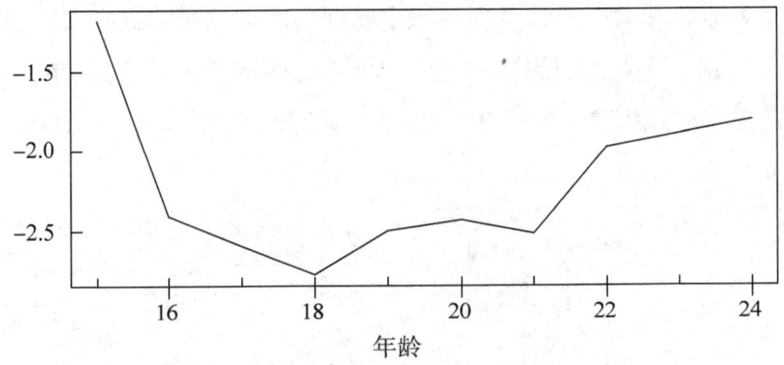

图 12-3　2015 年北京市残疾青少年家庭无障碍改造的年龄模式

注：部分依赖图的纵轴为将研究中的其他变量边缘化之后家庭无障碍改造服务利用可能性与年龄的部分依赖程度。

三、听力残疾和极重度残疾者使用家庭无障碍改造的可能性大

残疾类别上，听力残疾青少年使用家庭无障碍改造的可能性最大；残疾程度上，极重度残疾人使用家庭无障碍改造的可能性最大。不同残疾类别的残疾青少年使用家庭无障碍改造的可能性有一定差异，智力残疾青少年使用家庭无障碍改造的可能性明显低于其他类别的残疾青少年，精神残疾青少年使用家庭无障碍改造的可能性也相对较低［见图 12-4（a）］。从残疾程度来看，使用家庭无障碍改造的可能性从高到低依次为极重度残疾人、重度残疾人、轻度残疾人、中度残疾人［见图 12-4（b）］。考察不同残疾类别之间的差异程度，图 12-4（a）提示听力残疾和智力残疾青少年的家庭无障碍改造差异最大。logistic 回归结果显示，在调整了性别、年龄、户口性质、识字状况、就业状况、家庭人均收入、婚姻状况、区划、残疾程度的影响之后，听力残疾青少年使用家庭无障碍改造的可能性约是智力残疾青少年的 6 倍［5.965（4.549，7.821）（$p<0.001$）］。

按残疾程度来比较残疾青少年家庭无障碍改造状况，其可能性由高到低依次为极重度残疾人、重度残疾人、轻度残疾人、中度残疾人。选取极重度残疾人和中度残疾人为样本，试图以残疾青少年家庭无障碍改造可能性差距最大的两个等级为例考察残疾程度之间的差异程度，logistic 回归结果显示，

在调整了性别、年龄、户口性质、识字状况、就业状况、家庭人均收入、婚姻状况、区划、残疾类别的影响之后，极重度残疾青少年家庭无障碍改造的可能性约是中度残疾青少年的 2.5 倍［2.475（1.970，3.108）（p<0.001）］。

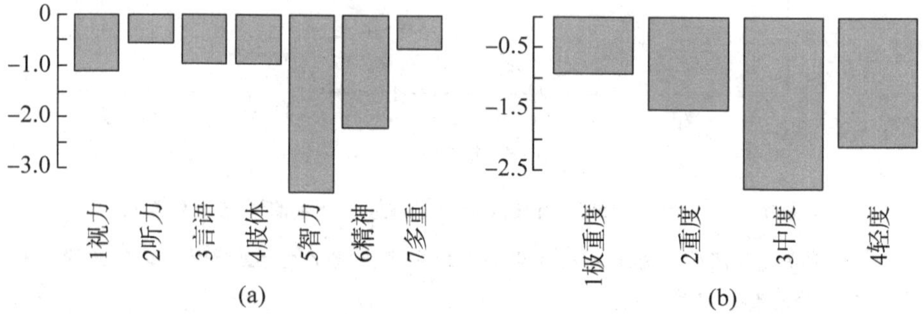

图 12–4　2015 年北京市残疾青少年家庭无障碍改造的残疾因素模式

注：部分依赖图的纵轴为将研究中的其他变量边缘化之后家庭无障碍改造服务利用可能性与残疾因素的部分依赖程度。

第六节　讨论与小结

本章研究对 2015 年北京市 15—24 岁持证残疾青少年的家庭无障碍改造状况和影响因素进行了描述与模型探析。研究先报告了残疾青少年的家庭无障碍改造比例为 16.0%，单从比例来看较低，并且与“北京市残疾人家庭无障碍改造 2010 年将实现全覆盖”[1]的承诺相差较大。可见，残疾人家庭无障碍改造落实情况较差，国家和社会对此关注度不够。

列联分析表明，研究关注的户口性质、家庭人均收入、区划、残疾类别和残疾程度等因素与残疾青少年的家庭无障碍改造比例显著相关。进一步的模型分析表明，残疾青少年的家庭无障碍改造比例与诸因素中的区划、残疾类别和残疾程度关系显著：家庭无障碍改造状况区划差异显著，东城区残疾青少年所在家庭进行无障碍改造的可能性最大，海淀区最小，主体功能区之

[1] 北京市残疾人家庭无障碍改造 2010 年将实现全覆盖［J］. 城市规划通讯，2009（15）：12.

间异质性较大；听力残疾青少年家庭无障碍改造的可能性最大，是智力残疾青少年的6倍；极重度残疾青少年家庭无障碍改造的可能性最大，是中度残疾青少年的2.5倍。这可能在于不同区的经济发展水平、无障碍环境的建设水平和重视程度等状况的不同，导致残疾青少年所在家庭进行无障碍改造的可能性不同。这也与以往的残疾人家庭无障碍改造研究中揭示的区划发展不平衡和经费还没有按照工作进度及时下拨，是北京市残疾人家庭无障碍改造工作中存在的一些重要问题❶的阐述相印证。同时，残疾因素是残疾青少年家庭无障碍改造的主要影响因素，与以往的相关研究提示的“残疾类别❷和残疾程度❸不同而要进行不同的无障碍建设和改造方案，工程量巨大”的发现相一致。

值得讨论的是，本研究模型的准确率高而特异性低，即当残疾青少年具备研究相关因素的某特征时，模型判断其未使用家庭无障碍改造的可能性较大；某些不具备研究中家庭无障碍改造特征的残疾青少年，模型认为他们亦未使用家庭无障碍改造（只是模型做出这种错误判断时的把握性相对模型做出正确判断时的把握性要小得多），但实际上他们受本研究未纳入的其他因素的影响而使用过家庭无障碍改造。这一数据结果主要在于模型中未能充分纳入有关因素。正如曾有研究揭示政府财政对残疾人家庭无障碍改造支持力度不够，导致大量残疾人家庭未进行无障碍改造。❹这提示残疾青少年家庭无障碍改造研究可结合政府财政和社会支持等因素进一步考察。

总之，残疾人家庭无障碍改造工作对提高残疾人生活质量、减轻家庭负担和促进社会文明进步具有重要意义。2015年全国残疾人基本服务状况和需求专项调查北京市数据表明，北京市残疾青少年所在家庭进行无障碍改造比例（16.0%）较低，本章研究关注的户口性质、家庭人均收入、区划、残疾类别和残疾程度等因素在列联分析中与残疾青少年家庭无障碍改造比例显著相

❶ 牟林．无障碍设施进家庭，受益到个人［J］．中国建设信息，2008（2）：62-63.
❷ 游东梅．无障碍贴心进家庭［J］．中国残疾人，2014（11）：47.
❸ 罗新欣，冯实．普陀：家庭无障碍，文体进社区［J］．中国残疾人，2012（9）：40-42.
❹ 张东旺．中国无障碍环境建设现状、问题及发展对策［J］．河北学刊，2014（1）：122-125.

关，但随机森林模型表明家庭无障碍改造比例只与区划、残疾类别和残疾程度关系显著，模型的准确率较高而特异性较低。研究结果提示，残疾青少年家庭无障碍改造工作关注度不够；社会经济发展水平高、政府关注程度高和无障碍建设与改造技术水平高则能显著促进残疾青少年所在家庭进行无障碍改造。今后研究可结合政府和社会维度进一步考察残疾青少年家庭无障碍改造状况的影响因素。

第十三章　北京市残疾青少年法律服务利用与影响因素研究

第一节　引言

残疾人在社会上处于弱势地位，在社会参与过程中较健全人易受到伤害。为残疾人提供法律服务，对维护残疾人合法权益具有重要意义。对残疾人实施法律援助是维护残疾人合法权益的重要举措，是贯彻“法律面前人人平等”的社会主义法制原则的本质要求。[1]2008 年《中共中央国务院关于促进残疾人事业发展的意见》中指出要加强法制宣传教育，增强全社会依法维护残疾人权益的法制观念，提高残疾人依法维权的意识和能力；建立残疾人法律救助体系，做好残疾人法律服务、法律援助、司法救助工作。[2]可见，为残疾人提供法律服务，保障残疾人的合法权益，对促进残疾人事业发展具有重要意义，也受到政府和社会的关注。

以往的相关研究多关注残疾人法律援助工作的现状、问题和对策，部分硕士学位论文关注到了残疾人法律服务需求的影响因素。自 1990 年我国针对残疾人保护的《中华人民共和国残疾人保障法》颁布实施以来，我国残疾人保护的法律法规体系已经初步形成。我国残疾人法律援助制度伴随着我国的法律援助制度于 1994 年创建，以 2003 年《法律援助条例》的实施为标志

---

❶ 张圣林 . 论残疾人法律援助工作存在的问题与对策［J］. 中国残疾人，2005（10）：25.

❷ 中共中央办公厅秘书局 . 中共中央国务院关于促进残疾人事业发展的意见［EB/OL］.［2008-04-23］.http://www.gov.cn/jrzg/2008-04/23/content_952483.htm.

进入新的发展阶段。[1] 多年来残疾人权益保护取得了较大进步，但仍然存在诸多问题，如相关法律法规不够完善具体[2]；法律服务类别不够细化、服务机构单一[3]；法律意识淡薄、存在社会偏见[4]；经费严重匮乏[5]；城乡残疾人法律服务体制差异明显[6] 等。有研究显示，残疾人教育水平对社区法律咨询服务需求、社区代拟法律文书服务需求、社区民事行政诉讼代理服务需求有影响；就业状况对社区法律咨询服务需求以及社区民事行政诉讼代理服务需求有影响；收入水平对社区法律咨询服务需求有影响。[7] 对西北农村残疾人的相关研究也得出过同样的结论。[8] 这些研究成果为相关政策和理论建构提供参考。但总的来看，关于残疾人法律服务的研究还是相对较少，而且对子人群特征关注不够。残疾青少年作为残疾人重要子群体，对其提供法律服务与保护其合法权益至关重要。因而本研究将重点考察残疾青少年的法律服务利用状况，并对法律服务利用的促进因素进行甄别，旨在为残疾人法律服务的政策细分和理论完善提供参考。

第二节　数据与方法

一、样本选取

本研究的目标人群为具有北京市户籍并持有《中华人民共和国残疾人证》的 15—24 岁青少年（简称北京市残疾青少年）。研究从法律服务利用情

---

❶ 盛钢 . 论我国残疾人法律援助制度的完善［J］. 法制与社会，2007（1）：435-436.
❷ 戴东光 . 残疾人法律保护的现状、问题与对策［J］. 中国残疾人，2012（5）：24-25.
❸ 夏慧 . 残疾人法律援助工作中的问题与对策建议［J］. 中国司法，2014（11）：54-56.
❹ 段成刚，周玮 . 残疾人法律援助之浅见［J］. 中国残疾人，2003（5）:30-32.
❺ 盛钢 . 论我国残疾人法律援助制度的完善［J］. 法制与社会，2007（1）：435-436.
❻ 李红英 . 社区残疾人法律服务及其优化策略研究——以上海为例［D］. 上海：华东政法大学，2013.
❼ 李红英 . 社区残疾人法律服务及其优化策略研究——以上海为例［D］. 上海：华东政法大学，2013.
❽ 李月玲 . 西北农村残疾人群体社区法律服务需求影响因素的实证研究——以 G 省农村残疾人为例［D］. 兰州：兰州大学，2009.

况入手进行描述性分析，并对其相关促进因素进行模式探讨。数据来源为2015年全国残疾人基本服务状况和需求专项调查北京市数据。研究选取其中15—24岁残疾青少年的法律服务利用情况及有关数据进行分析，共计8540个样本。

二、变量纳入

本研究模型分析的结果变量为残疾青少年接受法律服务利用的比例，以二分类变量“近年来是否接受过法律服务”来测量。残疾青少年对法律服务利用的有关因素包括：性别、年龄、户口性质、家庭人均收入、婚姻状况、识字状况、就业状况、区划、残疾类别和残疾程度（合称为残疾因素）。如前述数据来源所示，因是对所有持证残疾人的全面调查，普查未能关注以往研究表明的残疾人个人的法律意识[1]、相关法律制度的完善程度[2]和政府财政支持[3]等因素，这是本研究在数据资料方面的不足。

三、数据分析方法

研究先基于频数分析对北京市残疾青少年家庭近年来法律服务利用情况进行描述，然后采用列联分析，对该服务利用情况与相关因素之间的相关性进行检验。接下来针对利用率与相关因素之间的关系进行模型探索，所采用的是分类数据分析方法随机森林。随机森林是基于决策树的组合方法，主要以分类误判率和变量重要性分值为模型输出（不给出类似线性回归那样易于解释的模型方程）。它比（它产生以前的）其他所有的分类方法更精确，并将结果可视化，具有较好的效率与精度。同时，本研究重点关注上述相关因素对法律服务利用率的影响模式，将其他所有变量边缘化后拟合主要促进因素与该参与率之间的函数关系，并以部分依赖图加以演示。随机森林在变量相对较多的情况下仍能就某因素对服务利用可能性的边际效应进行分析，这

---

❶ 段成刚，周玮．残疾人法律援助之浅见［J］．中国残疾人，2003（5）:30–32.

❷ 戴东光．残疾人法律保护的现状、问题与对策［J］．中国残疾人，2012（5）：24–25.

❸ 盛钢．论我国残疾人法律援助制度的完善［J］．法制与社会，2007（1）：435–436.

正是本研究主要关注的。最后，在探明影响模式之后，研究依据部分依赖图提示进一步采用二元 logistic 回归考察上述影响的具体程度。

第三节　法律服务利用状况

一、法律服务利用比例较低，法律服务需求不强烈

2015 年北京市残疾青少年的法律服务利用比例为 5.9%，大部分残疾青少年（94.1%）都没有利用过法律服务。残疾青少年目前的法律服务需求并不强烈，大部分没有任何法律服务需求，对具体的代写法律文书、办理公证证明、申请法律援助和其他法律服务有需求的人，仅占残疾青少年总数的 0.8%—2.9%，而对法律咨询的需求（8.5%）相对较多（见表 13–1）。

表 13–1　2015 年北京市残疾青少年法律服务利用情况（n=8540）

法律服务类型	是否利用或需要	人数（人）	百分比（%）
法律服务	利用	504	5.9
	未利用	8036	94.1
目前法律服务需求	有某种需求	1086	12.7
	无需求	7454	87.3
法律咨询	需要	728	8.5
	不需要	7812	91.5
代写法律文书	需要	76	0.9
	不需要	8464	99.1
办理公证证明	需要	68	0.8
	不需要	8472	99.2
申请法律援助	需要	245	2.9
	不需要	8295	97.1
其他服务	需要	241	2.8
	不需要	8299	97.2

二、法律服务利用人群特征显著

作为本研究样本的北京市残疾青少年中，男性多于女性；年龄越大，残

疾青少年人数越多；城市人数占比（61.1%）多于农村人数占比（38.9%）；识字人数占比（79.0%）远多于不识字人数占比（21.0%）；未就业人数占比（73.6%）多于就业人数占比（26.4%）；大多数家庭人均收入高于北京市低收入标准；大部分残疾青少年处于未到法定结婚年龄或者未婚状态；区划分布不均衡，朝阳区的残疾青少年人数占比（10.6%）最多，石景山区残疾青少年人数占比（2.6%）最少；智力残疾占比（43.1%）最大；近半数为极重度和重度残疾。

在法律服务利用比例的人群差异上，北京市残疾青少年的法律服务利用比例除了在就业状况（$p<0.01$）和区划（$p<0.001$）上有显著差异外，在研究关注的其他相关因素上没有显著差异。男性和女性残疾青少年对法律服务的利用率都较低（男 6.1%，女 5.6%），男性略高于女性；15—24 岁，不同年龄残疾青少年对法律服务的利用率不同，但都相差不大，利用率集中于 4.5%—7.0%，21 岁的残疾青少年对法律服务的利用率最高（7.0%），16 岁的最低（4.5%）；农村残疾青少年对法律服务的利用率（6.4%）略高于城市残疾青少年对法律服务的利用率（5.6%）；识字的残疾青少年对法律服务的利用率（6.3%）略高于不识字的残疾青少年对法律服务的利用率（4.3%）；处于就业状态的残疾青少年对法律服务的利用率（7.1%）略高于未就业的残疾青少年对法律服务的利用率（5.5%）；残疾青少年家庭人均收入不同对其对法律服务的利用率影响不大，处于不同家庭人均收入水平的残疾青少年对法律服务的利用率集中于 5.7%—7.9%；从婚姻状况来看，处于离婚状态的残疾青少年对法律服务的利用率（13.3%）要高于其他三者，但差异不显著；残疾青少年所在区划不同，法律服务利用率的差异较大，昌平区的残疾青少年法律服务利用比例高达 31.8%，是利用率最低的朝阳区的 20 倍以上，平谷区的法律服务利用比例也较明显高于其他区；不同残疾类别的残疾青少年对法律服务的利用率分布较均衡，利用率集中在 4.1%—6.5%；不同残疾程度的残疾青少年对法律服务的利用率差异也不大，利用率集中在 5.3%—6.3%（见表 13–2）。

表 13-2　2015 年北京市残疾青少年法律服务使用人群特征（n=8540）

变量		人数（人）	百分比（%）	法律服务			
				利用人数（人）	百分比（%）	未利用人数（人）	百分比（%）
性别	男	4986	58.4	304	6.1	4682	93.9
	女	3554	41.6	200	5.6	3354	94.4
年龄（岁）	15	539	6.3	31	5.8	508	94.2
	16	584	6.8	26	4.5	558	95.5
	17	674	7.9	39	5.8	635	94.2
	18	775	9.1	39	5.0	736	95.0
	19	806	9.4	52	6.5	754	93.5
	20	847	9.9	54	6.4	793	93.6
	21	846	9.9	59	7.0	787	93.0
	22	976	11.4	56	5.7	920	94.3
	23	1031	12.1	53	5.1	978	94.9
	24	1462	17.1	95	6.5	1367	93.5
户口性质	农业	3320	38.9	211	6.4	3109	93.6
	非农业	5220	61.1	293	5.6	4927	94.4
识字状况	识字	6743	79.0	427	6.3	6316	93.7
	不识字	1797	21.0	77	4.3	1720	95.7
就业状况（m=539）**	就业	2114	26.4	150	7.1	1964	92.9
	未就业	5887	73.6	323	5.5	5564	94.5
家庭人均收入	低于当地低保标准	1132	13.3	76	6.7	1056	93.3
	低于本市低收入标准	254	3.0	20	7.9	234	92.1
	其他	7154	83.8	408	5.7	6746	94.3
婚姻状况	未婚	2885	33.8	167	5.8	2718	94.2
	已婚有配偶	411	4.8	28	6.8	383	93.2
	离婚	15	0.2	2	13.3	13	86.7
	未到法定结婚年龄	5229	61.2	307	5.9	4922	94.1
区划***	东城区	468	5.5	13	2.8	455	97.2
	西城区	630	7.4	19	3.0	611	97.0
	朝阳区	903	10.6	13	1.4	890	98.6
	海淀区	821	9.6	72	8.8	749	91.2
	丰台区	662	7.8	30	4.5	632	95.5
	石景山区	224	2.6	9	4.0	215	96.0
	通州区	529	6.2	18	3.4	511	96.6
	顺义区	509	6.0	9	1.8	500	98.2

续表

变量		人数（人）	百分比（%）	法律服务			
				利用人数（人）	百分比（%）	未利用人数（人）	百分比（%）
区划***	大兴区	584	6.8	14	2.4	570	97.6
	昌平区	400	4.7	127	31.8	273	68.2
	房山区	771	9.0	34	4.4	737	95.6
	门头沟区	285	3.3	16	5.6	269	94.4
	平谷区	573	6.7	75	13.1	498	86.9
	怀柔区	338	4.0	9	2.7	329	97.3
	密云县	455	5.3	28	6.2	427	93.8
	延庆县	388	4.5	18	4.6	370	95.4
残疾类别	视力残疾	491	5.7	28	5.7	463	94.3
	听力残疾	676	7.9	39	5.8	637	94.2
	言语残疾	74	0.9	3	4.1	71	95.9
	肢体残疾	2347	27.5	153	6.5	2194	93.5
	智力残疾	3682	43.1	211	5.7	3471	94.3
	精神残疾	602	7.0	36	6.0	566	94.0
	多重残疾	668	7.8	34	5.1	634	94.9
残疾程度（m=3）	极重度	1557	18.2	83	5.3	1474	94.7
	重度	2462	28.8	146	5.9	2316	94.1
	中度	2624	30.7	156	5.9	2468	94.1
	轻度	1894	22.2	119	6.3	1775	93.7

注：** 表示在 $p<0.01$ 的水平上差异显著；*** 表示在 $p<0.001$ 的水平上差异显著。

第四节　影响因素分析

一、依据相关因素能较准确地预测法律服务利用状况

在 10 个可能影响北京市残疾青少年法律服务利用相关因素的规定下，模型的分类正确率为 94.03%，在某些因素的影响下，北京市残疾青少年利用法律服务的可能性很小。实际观测值未利用过法律服务，模型预测其利用过法律服务的可能性为 0.21%，实际观测值利用过法律服务，但模型预测其

未利用过法律服务的可能性为97.82%（见表13–3）。从混淆矩阵来看，模型倾向于将观测值判断为未利用过法律服务，而即使全部判断为未利用法律服务，也能得到较低的误判率。然而，模型在对每一个观测值进行预测时，判断结果有两种可能，即判定观测值利用过法律服务或未利用过法律服务。一个极不好的模型可能将所有的观测值都判断为利用过法律服务。从这个角度讲，本研究的残疾青少年法律服务利用相关因素模型对观测值进行了准确的分类。总之，在数据可获得性的前提下，本研究对残疾青少年是否利用过法律服务进行了准确识别。

表13–3 2015年北京市残疾青少年法律服务利用相关因素模型总体误判率与混淆矩阵

		模型判断是否利用法律服务		分类误判率（%）
		未利用（人）	利用（人）	
观测值是否利用法律服务	未利用（人）	8019	17	0.21
	利用（人）	493	11	97.82
模型总体袋外误判率				5.97

注：研究目标为甄别北京市残疾青少年法律服务利用的主要促进因素。参数设置mtry决策树节点随机抽取的变量数为3，ntree决策树的数目为500。

二、分类准确性非常高、特异性非常低

结合模型的误判率（见表13–3）和可信度（见图13–1），进一步考察本研究中残疾青少年法律服务利用相关因素对残疾青少年的影响方式。在研究关注的法律服务利用相关因素的影响下，模型对未利用法律服务的残疾青少年不仅能进行正确分类（正确率99.79%），分类时做出判断的把握也很大；同时，模型对利用过法律服务的残疾青少年进行判断时正确率很低（2.18%），判断时的把握不如前者大。即当残疾青少年具有研究中的相关因素某特征时，其未利用过法律服务的可能性较大。但本研究规定的法律服务利用相关因素，不足以将未利用法律服务的子群体从利用了法律服务的子群体中区分出来，也就是说，某些不具备本研究中法律服务利用相关因素特征的残疾青少年，模型出于一定的把握认为他们亦未使用过法律服务，但实际上他们在

本研究未纳入的某些其他因素的影响下，利用过法律服务。

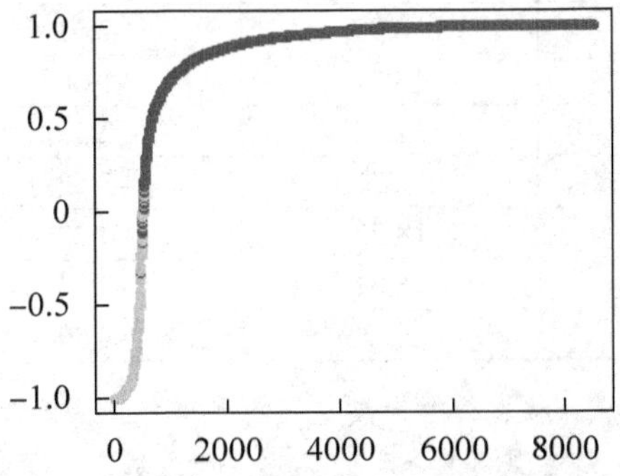

图 13–1　2015 年北京市残疾青少年法律服务利用相关因素模型可信度

注：纵轴为可信度，指观测值在随机森林节点上分类正确率与最大误判率之差；横轴为观测值。纵轴数值为正数说明该观测值被正确归类，为负数则说明该观测值被错误分类。图形中可信度在 0—1.0 的大部分的点对应的为未利用法律服务的观测值，可信度在 −1.0—0 的绝大部分的点对应的为利用了法律服务的观测值。点所对应的纵坐标绝对值越接近 1.0 则模型做出判断时的把握越大；越接近 1.0 表明观测值越可能被模型做出正确判断，越接近 −1.0 则越可能被误判，靠近 0 则模型的判断结果存在一定的偶然性。图中深灰色点对应的表示未利用法律服务的观测值，浅灰色点对应的表示利用了法律服务的观测值。

三、区划和年龄对法律服务利用比例影响相对最大

法律服务利用比例相关因素的相对重要性因子值排序表明，区划在本次研究分析的 10 个解释变量中，对残疾青少年法律服务利用状况的影响最大，年龄、残疾类别、残疾程度和就业状况次之，然后是家庭人均收入、性别、户口性质、婚姻状况和识字状况。以变量重要性因子值的上四分位（67.57）为临界值，确定残疾青少年法律服务利用的首要相关因素发现，残疾青少年的所在区划、年龄和残疾类别对其法律服务利用的影响较大（见表 13–4）。

表 13–4　2015 年北京市残疾青少年法律服务利用相关因素模型变量重要性因子值

变量	未利用	利用	Gini 指数
区划	32.11	36.31	144.75
年龄	18.85	−8.87	92.97
残疾类别	13.65	−6.62	69.60

续表

变量	未利用	利用	Gini 指数
残疾程度	18.97	–2.61	61.46
就业状况	18.92	–1.08	40.14
家庭人均收入	17.52	–2.28	26.21
性别	4.27	–5.52	25.41
户口性质	18.27	–4.23	23.47
婚姻状况	16.61	–8.84	22.16
识字状况	9.97	–3.80	12.97

注：Gini 指数是随机森林在分类时度量每棵决策树中关于某变量的分类纯度递减量之和。值越大，说明该变量对观测值分类的准确性把握越大，即该变量对预测结果的影响越大。本研究依据该指标值进行变量重要性判断。

第五节　主要因素影响模式

结合上述模型重要性因子与前文相关分析结果，接下来分别考察残疾青少年所在的区划、年龄、残疾类别和残疾程度对其法律服务利用状况的影响模式与差异程度。

一、区划的影响显著

不同区划的残疾青少年利用法律服务的可能性差异较大。其中，昌平区的残疾青少年利用法律服务的可能性最大，平谷区次之，朝阳区的残疾青少年利用法律服务的可能性最小。按北京市主体功能区来看，整体来说，首都功能核心区（东城、西城）的残疾青少年利用法律服务的可能性最小；生态涵养发展区（门头沟、平谷、怀柔、密云、延庆）的残疾青少年利用法律服务的可能性整体较高且区内差异较小；城市功能拓展区（朝阳、海淀、丰台、石景山）和城市发展新区（通州、顺义、大兴、昌平、房山）的残疾青少年利用法律服务的可能性区内差异较大（见图 13–2）。

选取朝阳区和昌平区为样本，试图以残疾青少年利用法律服务可能性差距最大的两区为例，考察区划之间的差异程度。logistic 回归结果显示，在调整了性别、年龄、户口性质、识字状况、就业状况、家庭人均收入、婚姻状况、残疾因素的影响之后，朝阳区与昌平区的残疾青少年法律服务利用差异显著，昌平区的残疾青少年利用法律服务的可能性是朝阳区的 61 倍以上［61.561（30.059，126.077）（p<0.001）］。可见，残疾青少年所在区划对残疾青少年的法律服务利用有显著影响。

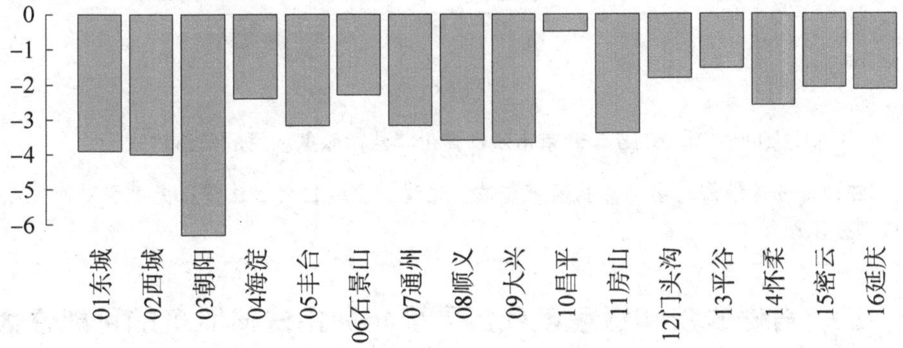

图 13-2　2015 年北京市残疾青少年法律服务利用的区划模式

注：部分依赖图的纵轴为将研究中的其他变量边缘化之后法律服务利用可能性与所在区划的部分依赖程度。

二、法律服务利用率年龄分布呈近似 U 字形

残疾青少年的年龄与其法律服务利用的关系呈近似 U 字形。15 岁残疾青少年利用法律服务的可能性最大，24 岁次之，18 岁残疾青少年利用法律服务的可能性最小；15—18 岁，残疾青少年利用法律服务的可能性迅速下降，16 岁时降幅尤为明显；18—24 岁，残疾青少年利用法律服务的可能性整体逐渐增大，22 岁时稍有下降（见图 13-3）。

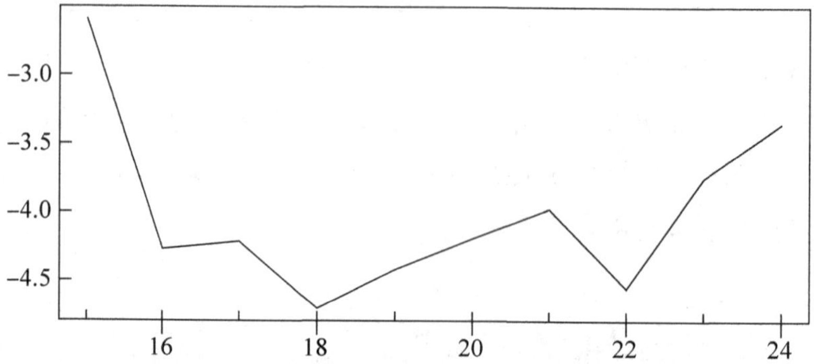

图 13-3　2015 年北京市残疾青少年法律服务利用的年龄模式

注：部分依赖图的纵轴为将研究中的其他变量边缘化之后法律服务利用可能性与年龄的部分依赖程度。

三、言语残疾和极重度残疾青少年利用法律服务的可能性大

言语残疾青少年利用法律服务的可能性最大，极重度残疾青少年利用法律服务的可能性也最大；法律服务利用的残疾因素差异不显著。按残疾类别来比较法律服务利用，残疾青少年的残疾类别不同，其利用法律服务的可能性差异较大。其中，智力残疾青少年利用法律服务的可能性要明显低于其他类别的残疾青少年［见图 13-4（a）］。残疾青少年的残疾程度与其法律服务利用的关系呈近似 U 字形，残疾程度为极重度时残疾青少年利用法律服务的可能性最大，残疾程度为中度时残疾青少年利用法律服务的可能性最小［见图 13-4（b）］。

考察不同残疾类别之间的差异程度，logistic 回归结果显示，在调整了性别、年龄、户口性质、识字状况、就业状况、家庭人均收入、婚姻状况、区划、残疾程度的影响之后，残疾青少年法律服务利用的残疾类别差异不显著。按残疾程度来比较法律服务的利用状况，残疾青少年法律服务利用可能性由高到低依次为极重度残疾、轻度残疾、重度残疾、中度残疾。选取极重度残疾和中度残疾为样本，试图以残疾青少年接受法律服务可能性的差距最大的两个等级为例，考察残疾程度之间的差异程度。logistic 回归结果显示，

在调整了性别、年龄、户口性质、识字状况、就业状况、家庭人均收入、婚姻状况、区划、残疾类别的影响之后，极重度残疾与中度残疾之间的残疾青少年法律服务利用差异不显著。可见，残疾青少年的残疾程度对残疾青少年的法律服务利用的影响不显著［见图 13–4（b）］。

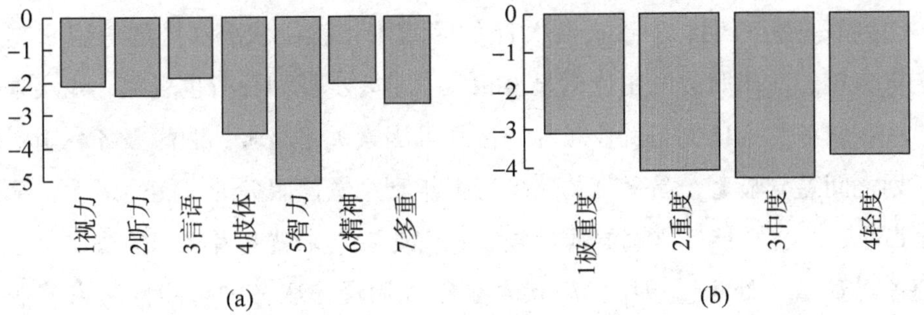

图 13–4　2015 年北京市残疾青少年法律服务利用的残疾因素模式

注：部分依赖图的纵轴为将研究中的其他变量边缘化之后法律服务利用可能性与残疾因素的部分依赖程度。

四、就业者利用法律服务的可能性大

此外，由前文列联分析发现，法律服务的利用与就业状况相关，因而可进一步考察不同就业状况之间法律服务利用情况的差异程度。logistic 回归结果显示，在调整了性别、年龄、户口性质、识字状况、家庭人均收入、婚姻状况、区划、残疾因素的影响之后，残疾青少年就业者与未就业者之间的法律服务利用差异显著，处于就业状况的残疾青少年利用法律服务的可能性是未就业者的约 1.3 倍［1.296（1.026，1.637）（p=0.03）］。

第六节　讨论与小结

本章研究对北京市 15—24 岁持证残疾青少年的法律服务利用状况和影响因素进行了描述与模型探析。研究先报告了残疾青少年较低的法律服务利用比例（5.9%），各项具体的法律服务需求都不强烈，法律咨询需求（8.5%）

相对较多。这与对上海市残疾人的相关研究发现略有不同。上海在残疾人法律服务方面做了大量工作，相继成立了为残疾人提供法律服务和义务法律咨询的法律援助机构和律师事务所，基本覆盖上海所有区域。但是上海残疾人法律服务需求与现有的法律服务能力存在较大的缺口。[1]这也提示了残疾青少年法律意识较为淡薄，较少运用法律武器维护自身的权益。

列联分析表明，本次研究关注的因素中，就业状况和区划等因素与残疾青少年的法律服务利用比例显著相关。进一步模型分析也表明，残疾青少年法律服务利用比例与就业状况和区划等因素关系显著：法律服务利用状况区划之间差异显著，昌平区的残疾青少年利用法律服务的可能性最大，朝阳区最小，主体功能区之间异质性较大；就业者与未就业者之间的法律服务利用差异显著，处于就业中的残疾青少年利用法律服务的可能性是未就业者的 1.3 倍。这可能在于不同区的残疾人法律服务、法律援助以及法律制度保障水平、政府重视程度和财政支持程度、法律服务宣传力度等的不同，导致残疾青少年利用法律服务的可能性不同。这与在残疾人法律援助研究中揭示的法律制度保障有待加强、资金来源单一、残疾人法律意识淡薄以及政府支持力度不够等是残疾人法律服务事业发展中存在的主要问题的发现相印证。[2]而就业状况是残疾青少年法律服务利用的主要影响因素，这与有关研究揭示的就业状况对社区法律咨询服务需求以及社区民事行政诉讼代理服务需求有影响的发现一致；[3]残疾人需要的法律服务多与家庭和工作有关，而残疾人的就业状况是影响家庭和睦以及残疾人生活质量的重要因素。

值得讨论的是，本研究模型的准确率非常高而特异性非常低，即当残疾青少年具备研究相关因素的某特征时，模型判断其未利用法律服务的可能性

---

[1] 李红英．社区残疾人法律服务及其优化策略研究——以上海为例［D］．上海：华东政法大学，2013.

[2] 李红英．社区残疾人法律服务及其优化策略研究——以上海为例［D］．上海：华东政法大学，2013.

[3] 李红英．社区残疾人法律服务及其优化策略研究——以上海为例［D］．上海：华东政法大学，2013；李月玲．西北农村残疾人群体社区法律服务需求影响因素的实证研究——以 G 省农村残疾人为例［D］．兰州：兰州大学，2009.

非常大；而某些不具备本研究法律服务特征的残疾青少年，模型认为他们亦未利用法律服务（只是模型做出这种错误判断时的把握性相对模型做出正确判断时的把握性要小得多），但实际上他们受本研究未纳入的其他因素的影响利用过法律服务。这一数据结果主要在于模型中未能充分纳入有关因素。正如曾有研究指出经费匮乏致使残疾人法律援助工作进展缓慢；[1]残疾人文化素质低、法律意识淡薄、社会上对残疾人的偏见和错误认识以及法律法规不到位、不具体导致法律援助开展困难；[2]政府对当前残疾人法律服务工作的支持力度还不够。[3]这提示残疾青少年法律服务研究可结合政府和社会等因素进一步考察。

总之，为残疾人提供法律服务，是维护残疾人合法权益的科学方法和有效手段，对促进残疾人事业发展具有重要意义。2015年全国残疾人基本服务状况和需求专项调查北京市数据表明，北京市残疾青少年的法律服务利用比例（5.9%）较低，本章研究关注的区划和就业状况等因素在列联分析中与残疾青少年法律服务利用比例显著相关，随机森林模型也表明法律服务利用比例与区划和就业状况关系显著。研究结果提示，残疾青少年法律意识较为淡薄；就业状况良好、法律服务供给水平高、政府支持力度大能显著促进残疾青少年使用法律服务；模型准确率较高而特异性较低表明，今后的研究可结合政府和社会维度进一步考察残疾青少年法律服务利用状况的影响因素。

---

[1] 盛钢．论我国残疾人法律援助制度的完善［J］．法制与社会，2007（1）：435-436.

[2] 段成刚，周玮．残疾人法律援助之浅见［J］．中国残疾人，2003（5）:30-32.

[3] 李红英．社区残疾人法律服务及其优化策略研究——以上海为例［D］．上海：华东政法大学，2013.

参考文献

一、中文文献

[1]北京市残疾人家庭无障碍改造2010年将实现全覆盖［J］.城市规划通讯，2009（15）：12.

[2]北京市残疾人联合会.北京市“十三五”时期残疾人事业发展规划［EB/OL］.［2016-08-25］.http://www.bdpf.org.cn/zwxx/zwgk/ghjh/c61134/content.html.

[3]白先春，邓晓艳，宦颖洁.我国残疾人就业影响因素的实证研究［J］.残疾人研究，2018（2）：92-96.

[4]陈福侠，张福娟.国外残疾污名研究及对我国特殊教育的启示［J］.中国特殊教育，2010（5）：3-7.

[5]陈功，张旭.北京市残疾人基本服务状况及需求分析［J］.残疾人研究，2016（2）：73-79.

[6]陈巧丽.老年残疾人口康复服务利用状况研究——基于2006年和2012年广东省残疾人监测数据分析［J］.管理观察，2016（20）：87-91.

[7]陈昫.我国老年残疾人的家庭长期照护体系研究——以北京市老年残疾人为例［J］.理论与实践，2011（9）：100-102.

[8]段成刚，周玮.残疾人法律援助之浅见［J］.中国残疾人，2003（5）:30-32.

[9]戴东光.残疾人法律保护的现状、问题与对策［J］.中国残疾人，2012（5）：24-25.

[10]戴昕.北京市社区残疾人体育健身现状与对策研究［J］.体育文化导刊，2012（8）：22-28.

[11]冯桦.智障人士社区福利服务的可及性研究——以上海市S区为例［D］.上海：华东理工大学，2013.

[12]冯寿林，戴华强，朱为崎．解析社会隐性歧视残疾人问题［J］．井冈山学院学报，2009（3）:124-128.

[13]国家统计局，第二次全国残疾人抽样调查领导小组．第二次全国残疾人抽样调查主要数据公报［R］. 2007.

[14]闫媚．残疾人辅助器具服务现状与政策建设思考［J］．残疾人研究，2012（4）：67-70.

[15]国务院．残疾预防和残疾人康复条例：中华人民共和国国务院令（第675号）[EB/OL].［2017-04-01］.http://www.cdpf.org.cn/ywzz/kf_211/kfzc/201704/t20170401_587776.shtml.

[16]国务院．"十三五"加快残疾人小康进程规划纲要［EB/OL］.［2016-08-17］.http://www.gov.cn/zhengce/content/2016-08/17/content_5100132.htm.

[17]广州市残疾人联合会，广州市残疾人事业研究会．广州残疾人服务模式研究［M］．广州：广东人民出版社，2007.

[18]郭忠耀．澳门残疾人参与体育活动的现状［J］．首都体育学院学报，2015（1）：23-28.

[19]侯晶晶．残疾人文化权利社区实现之影响因素研究——基于江苏残疾人状况监测的分析［J］. 残疾人研究，2015（1）：6-13.

[20]胡仕勇，梅紫．公共服务状况对残疾人就业影响研究［J］．调研世界，2015（4）：20-25.

[21]黄小妹，江琴娣．英国16—24岁残疾人支持性实习及启示［J］．现代特殊教育，2016（6）：33-40.

[22]黄玉明．残疾人辅助器具综合服务探微［J］．低碳世界，2017（30）：269-270.

[23]70余万残疾人未办残疾人证［EB/OL］.［2009-07-24］.http://epaper.jinghua.cn/html/2009-07/24/content_445464.htm.

[24]关于加强残疾人事业发展的建议［EB/OL］.［2016-04-01］.http://www.jsmj.org.cn/czyz/jyxc/201604/t2752656.shtml.

[25]教育部，发展改革委，民政部，等．特殊教育提升计划（2014—2016年）[EB/OL］.［2014-01-08］.http://old.moe.gov.cn/publicfiles/business/htmlfiles/moe/moe_1778/201401/162822.html.

[26]阿默曼．残疾青少年的心理障碍及其治疗［J］．田万生，译．青年探索，1999（3）：26-29.

[27]林诚，罗鸿波，陈小红，等．福州市台江区残疾人康复需求及影响因素的分析［J］．福建医科大学学报·社会科学版，2009（1）：38-41.

[28]赖德胜，廖娟，刘伟．我国残疾人就业及其影响因素分析［J］．中国人民大学学报，2008（1）：10-15.

[29]联合国．关于残疾人的世界行动纲领（联合国大会第三十七届会议 1982 年 12 月 3 日第 37/52 号决议通过）[EB/OL]．https://www.un.org/zh/documents/treaty/files/A-RES-37-52.shtml.

[30]李红英．社区残疾人法律服务及其优化策略研究——以上海为例［D］．上海：华东政法大学，2013.

[31]廖娟．残疾人就业及其影响因素研究［J］．残疾人研究，2014（4）：38-43.

[32]廖娟．残疾人就业政策效果评估——来自 CHIP 数据的经验证据［J］．人口与经济，2015（2）：68-77.

[33]李建新，夏翠翠．我国城乡老年人口医疗服务可及性差异研究——基于 2011 年中国老年健康影响因素跟踪调查数据［J］．中国卫生政策研究，2014，7（9）：39-44.

[34]梁利杰．残疾人证为什么受冷遇［N］．大众日报，2011-08-06.

[35]刘民，栾承，沈励．2006 年北京市残疾人抽样调查流行病学特征分析［J］．中国康复医学杂志，2009，24（6）：550-552.

[36]李宁，陈功，崔斌，等．我国残疾人康复需求及康复服务利用情况分析［J］．残疾人研究，2011（4）：31-34.

[37]罗遐，卜普．农村残疾人接受康复治疗行为的影响因素研究［J］．安徽大学学报·哲学社会科学版，2013（4）：128-134.

[38]吕学静，赵萌萌．中国残疾人就业现状及其影响因素［J］．中国就业，2012（10）：47-49.

[39]李晞，吴小高．我国残疾人辅助器具服务工作的现状及展望［J］. 残疾人研究，2016（3）：43-47.

[40]罗新欣，冯实．普陀：家庭无障碍，文体进社区［J］．中国残疾人，2012（9）：

40–42.

［41］刘艳虹，吴曼曼，邹酬云，等．北京市残疾人教育状况的调查研究［J］．残疾人研究，2016（3）：71–78.

［42］李月玲．西北农村残疾人群体社区法律服务需求影响因素的实证研究——以G省农村残疾人为例［D］．兰州：兰州大学，2009.

［43］牟林．无障碍设施进家庭，受益到个人［J］．中国建设信息，2008（2）：62–63.

［44］孟万金．全社会都要关注残疾儿童教育——论残疾儿童教育公平［J］．中国特殊教育，2006（9）：5–7.

［45］裴曌，吕军，虞慧炯，等．上海市残疾人机构养护服务实施现状分析［J］．中国康复理论与实践，2017（8）：895–899.

［46］盛钢．论我国残疾人法律援助制度的完善［J］．法制与社会，2007（1）：435–436.

［47］石开铭．对残疾人不办残疾人证现象的分析［J］．经济研究导刊，2014（14）：100–101.

［48］唐钧，李敬．广东省残疾人社会服务体系研究［M］．北京：研究出版社，2010.

［49］陶健婷，郝元涛，阮剑华，等．残疾人照顾模式和生存质量研究进展［J］．中国康复理论与实践，2007（10）：954–956.

［50］谈松华，袁本涛．教育现代化衡量指标问题的探讨［J］．清华大学教育研究，2001，22（1）：14–21.

［51］王保华．瑞典、冰岛残疾人辅助器具服务考察［J］．残疾人研究，2011（3）：73–75.

［52］武国丽．残疾人康复保障问题研究——基于河南省部分地区的调研［D］．郑州：郑州大学，2014.

［53］万国威．我国残疾人福利可及性的实证研究［J］．人口学刊，2014（6）：89–102.

［54］吴清平，龙建，刘全．肢体残疾成年人人格特征的配对研究［J］．中国心理卫生杂志，1997（5）：309–310.

［55］伍伟，李栩薏．浅析“主题”分析法在英语新闻阅读中的应用［J］．中国科技信息，2011（24）：202.

［56］王珏，等．中国残疾人康复需求分析与发展研究［M］．北京：华夏出版社，2008：204.

［57］吴忠观，周君玉，封希德，等．人口科学辞典［M］．成都：西南财经大学出版社，1997.

[58]夏长宝，张江月．残疾人证就业：企业、社区居委会、残疾人间的行为逻辑分析——以 × 社区为例［J］．残疾人研究，2015（4）：30–36.

[59]夏慧．残疾人法律援助工作中的问题与对策建议［J］．中国司法，2014（11）：54–56.

[60]谢九英．残疾人教育公平问题探究［D］．长沙：湖南师范大学，2007.

[61]徐星月．残疾人就业影响因素研究文献综述［J］．社会保障研究，2016（6）：103–109.

[62]游东梅．无障碍贴心进家庭［J］．中国残疾人，2014（11）：47.

[63]杨浩．残疾人家庭无障碍改造设计研究［D］．北京：清华大学，2014.

[64]闫洪丰，胡毅，黄峥，等．成年残疾人心理健康现状评估与分析［J］．残疾人研究，2013（4）：5–10.

[65]于军，李永献，孙闽君．山东省残疾人群众体育现状及发展对策研究［J］．体育科学，2009（8）：65–72.

[66]杨立雄，李晞．中国残疾人辅助器具政策研究［J］．残疾人研究，2018（1）：43–51.

[67]杨蓉蓉．残疾青少年劳动就业状况及促进研究［J］．中国青年研究，2015（4）：10–17.

[68]杨蓉蓉．中国未婚青少年妊娠结局与保护性因素研究［M］．北京：中国社会科学出版社，2017：66–68.

[69]姚志贤．残疾人“人人享有康复服务”现状分析与发展思考［J］．残疾人研究，2014（2）：20–24.

[70]翟卞．残疾人养护，服务质量可评价——《残疾人养护机构服务规范》解读［J］．上海质量，2011（1）：60–62.

[71]周彩姣．制度困境与农村残疾人的文化参与：一项实证研究［J］. 湖南师范大学社会科学学报，2011（5）：34–38.

[72]张东旺．中国无障碍环境建设现状、问题及发展对策［J］．河北学刊，2014（1）：122–125.

[73]中国残疾人联合会．残疾人康复服务“十三五”实施方案［EB/OL］．［2016–10–25］. http://www.cdpf.org.cn/zcwj/zxwj/201610/t20161025_571268.shtml.

[74]中国残疾人联合会，国家卫生和计划生育委员会．中华人民共和国残疾人证管理办法［EB/OL］．［2017–06–26］.http://www.cdpf.org.cn/zcwj/zxwj/201706/t20170626_597853.shtml.

[75]中国残疾人联合会.全国残疾人基本服务状况和需求专项调查启动[J].中国残疾人，2015(2)：15.

[76]中国残疾人联合会.2013年度中国残疾人状况及小康进程监测报告[EB/OL].[2014-08-12].http://www.cdpf.org.cn/sjzx/jcbg/201408/ t20140812_411000.shtml.

[77]中国残疾人事业发展研究会.残疾人社会保障与服务研究[M].北京：华夏出版社，2010.

[78]中华人民共和国残疾人保障法(修订版)[EB/OL].[2008-12-11].http://www.gov.cn/test/2008-12/11/content_1174760.htm.

[79]中共中央办公厅秘书局.中共中央国务院关于促进残疾人事业发展的意见[EB/OL].[2008-04-23].http://www.gov.cn/jrzg/2008-04/23/content_952483.htm.

[80]赵建玲，中国老年残疾人现状与长期照护制度探索[J].中国老年学杂志，2014(10)：2907-2910.

[81]庄孔韶.人类学概论[M].北京：中国人民大学出版社，2013.

[82]张宁.浅析残疾人辅助器具服务体系的建设[J].科技风，2016(12)：96.

[83]张圣林.论残疾人法律援助工作存在的问题与对策[J].中国残疾人，2005(10)：25.

[84]周文林.中国残疾人状况分析[J].社会学研究，1993(5)：75-78.

[85]张旭，庄惠婷，黄庆波，等. 视力残疾老年人使用辅助器具的影响因素及政策建议[J].残疾人研究，2015(3)：61-65.

[86]周云，马进，虞慧炯，等.上海市重残无业人员救助养护需求影响因素分析[J].疾病控制杂志，2007(5)：467-470.

二、外文文献

[1]BREIMAN L. Random Forests[J].Machine Learning，2001，45(2)：5-32.

[2]HORTON C C. Human Nature and the Social Order[M].New York：Andesite Press，2015.

[3]JACOBY A，GORRY J，GAMBLE C，et al. Public knowledge，private grief:a study of public attitudes to epilepsy in the United Kingdom and implications for stigma[J]. Epilepsia，2004，45(11)：1405-1415.

[4]JACOBY A，SNAPE D，BAKER G A. Epilepsy and social identity: the stigma of a chronic

neurological disorder [J] . Lancet Neurology, 2005, 4 (3): 171–178.

[5] LIAO J.An Empirical Research on Returns to Education of Disabled People during the Process of Modernization [C] . Les Ulis:EDP Sciences, 2014: 130–147.

[6] LINK B G, PHELAN J C. Stigma and its public health implications [J] . The Lancet, 2006, 367 (9509): 528–529.

[7] Mantey E E. Discrimination against children with disabilities in mainstream schools in Southern Ghana: Challenges and perspectives from stakeholders [J] . International Journal of Educational Development, 2017 (54): 18–25.

[8] MIZUNOYA S, MITRA S, YAMASAKI I. Disability and school attendance in 15 low-and middle-income countries [J] . World Development, 2018 (104): 388–403.

[9] MUHLBAUER S. Experience of stigma by families with mentally ill members [J] . Journal of the American Psychiatric Nurses Association, 2002, 8 (3): 76.

[10] TAKEDA T, LAMICHHANE K. Determinants of schooling and academic achievements: Comparison between children with and without disabilities in India [J] . International Journal of Educational Development, 2018 (61): 184–195.

[11] UNESCO. Global education monitoring report 2017/18: Accountability in education: Meeting our commitments [R] . Paris: UNESCO, 2017.

[12] WELSH E. Dealing with data: Using NVivo in the qualitative data analysis process [J] . Forum Qualitative Social Research, 2002.

[13] WHO. WHO Global Disability Action Plan 2014–2021: Better Health For All People with Disability (世卫组织 2014—2021 年全球残疾问题行动计划：增进所有残疾人的健康) [R] . 2014.

致 谢

首先要感谢北京大学人口研究所的科研支持，尤其是陈功教授在数据与方法使用上的指导。陈功教授及其研究团队为本书的定量研究部分进行了数据清理与分析，其研究成果为本书的研究框架提供了重要参考。

北京市社会科学基金青年项目“北京市残疾青少年人口社会服务可及性研究（15SHC037）”为本书的研究工作提供了前期支持。感谢知识产权出版社的支持，特别感谢宋云和李硕等编辑老师的不言之教，令人如沐春风！感谢我的工作单位中国社会科学院大学给予了我宽松向上的科研环境，感谢同事们的相携相伴让我感受到了温暖。

最后我要感谢我的家人和孩子们与我共创理想。

在此致以衷心的感谢！